Wege aus Eisen in den Straßen
von Wien

PETER WEGENSTEIN

Wege aus Eisen in den Straßen von Wien

Zur Geschichte der Wiener Straßenbahnen

W-H EDITION WINKLER-HERMADEN

Zum Umschlagbild:

Am 31. Mai 1965 fährt der Zug der Linie 24 mit den Wagen 2519 und 5192 über die Reichsbrücke stadtauswärts. Diese Kettenbrücke führte über den Donaustrom, die einfachen Tragwerke über das Inundationsgebiet. Sie wurde am 3. Oktober 1937 eröffnet und stürzte am 1. August 1976 ein. Einsturzursache war der schlechte Beton auf der linken Seite des stadtauswärts gelegenen Pfeilers, der zum Absturz des linken Kettenpfeilers und in weiterer Folge der gesamten Strombrücke führte.

Gedruckt mit Unterstützung der Kulturabteilung der Stadt Wien.

Hauptstraße 37, A-2123 Schleinbach
info@edition-wh.at
www.edition-wh.at
Gedruckt in the EU bei Finidr s.r.o.
www.edition-wh.at
ISBN 978-3-9504475-7-6

Inhalt

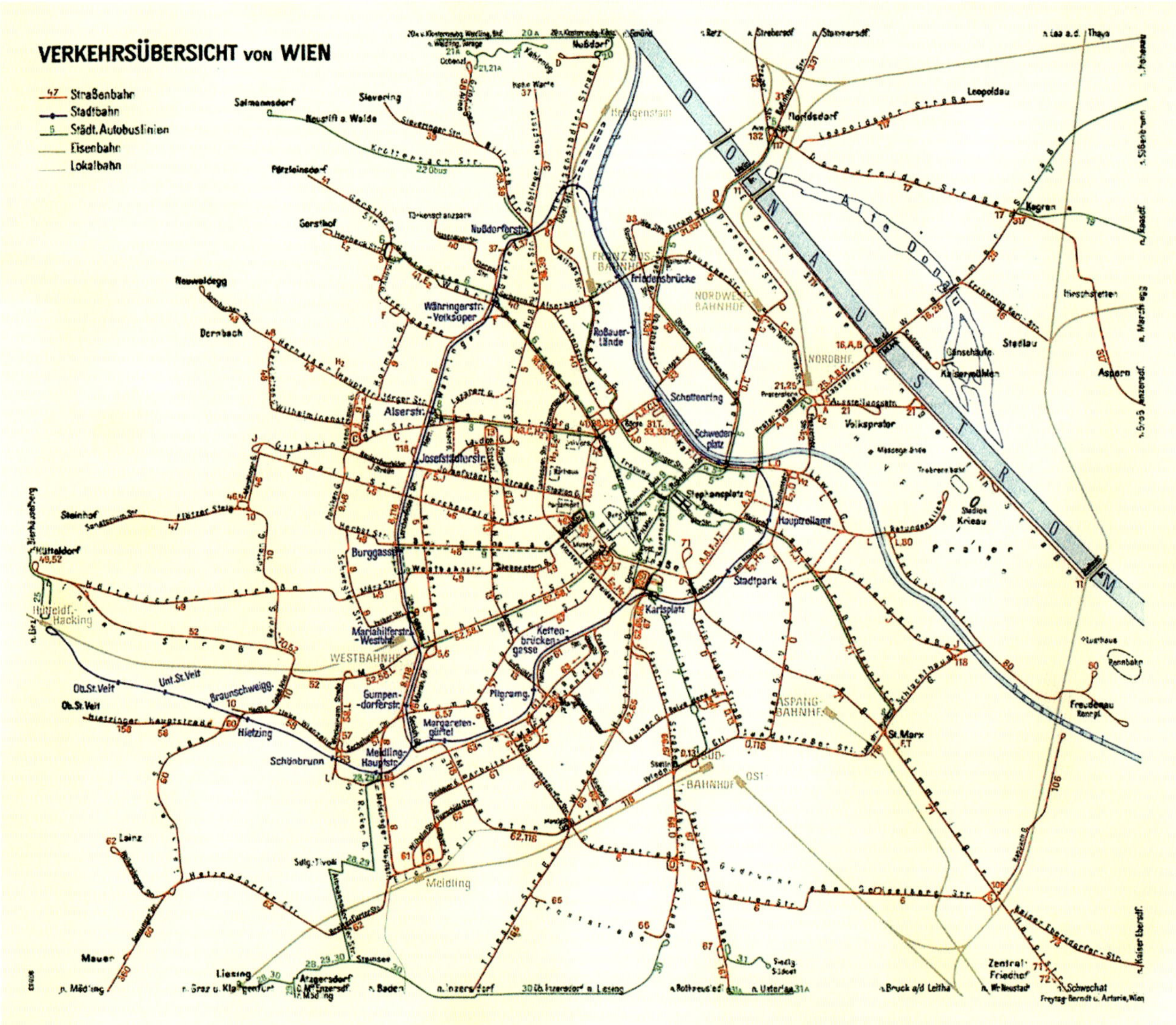
VERKEHRSÜBERSICHT VON WIEN
Straßenbahn
Stadtbahn
Städt. Autobuslinien
Eisenbahn
Lokalbahn
Salmannsdorf
Sievering
Neustift a. Walde
Pötzleinsdorf
Gersthof
Neuwaldegg
Dornbach
Nußdorf
Nußdorferstr.
Währingerstr.-Volksoper
Alserstr.
Josefstädterstr.
Burggasse
Mariahilferstr.-Westbhf.
WESTBAHNHOF
Gumpendorferstr.
Kettenbrückengasse
Pilgramg.
Margaretengürtel
Meidling-Hauptstr.
Schönbrunn
Hietzing
Braunschweigg.
Unt.St.Veit
Ob.St.Veit
Hütteldorf
Hütteldf.-Hacking
Steinhof
Lainz
Mauer
Liesing
Atzgersdorf
Meidling
Friedensbrücke
Roßauerlände
Schottenring
Schwedenplatz
Stephansplatz
Hauptzollamt
Stadtpark
Karlsplatz
FRANZ JOS.-BAHNHOF
NORDWESTBAHNHOF
NORDBHF.
Floridsdorf
Leopoldau
Kagran
Stadlau
Aspern
Hirschstetten
Kaisermühlen
Gänsehäufel
Volksprater
Prater
Stadion
Krieau
Freudenau
ASPANGBAHNHF.
St.Marx
SÜDBAHNHOF
OST
Zentral-Friedhof
Schwechat
Heiligenstadt
Alte Donau
DONAUSTROM
Freytag-Berndt u. Artaria, Wien

Einleitung

Die Stadt Wien, das Zentrum der österreichisch-ungarischen Monarchie und der Republik Österreich, ist und war von Verwaltung, Handel und Industrie geprägt. Wichtige Verkehrsmittel im Bereich der Stadt sind die Donauschifffahrt sowie ab 1838 die Eisenbahn. Das stetige Wachsen der Stadt und der Vororte brachte ab 1865 die Straßenbahn als neues Nahverkehrsmittel.

Dieses Buch stützt sich in seinem Textteil auf die Geschäftsberichte aller Straßenbahngesellschaften und auf amtliche Unterlagen über den Schienenverkehr wie das „Centralblatt für Eisenbahnen und Dampfschifffahrt in Österreich" (1862–1869), das „Centralblatt für Eisenbahnen und Dampfschifffahrt der Österreichisch-Ungarischen Monarchie" (1870–1887), das „Verordnungs-Blatt für Eisenbahnen und Schifffahrt" (ab 1888) sowie das „Anzeigeblatt für Verkehr" (ab 1924). Zeitungsartikel sowie Akten aus dem Österreichischen Staatsarchiv halfen mir, ein umfassendes Bild der Geschichte der Straßenbahn in Wien zu erstellen.

Ein Problem bei einem Buch, das über einen Zeitraum von 153 Jahren berichtet, ist die Schreibweise der Straßennamen. Damit es möglich ist, auf einem heutigen Stadtplan Verkehrswege nachzuvollziehen, werden die 2018 üblichen Straßen- und Gassennamen verwendet.

Für die Illustration dieses Buches konnte ich neben eigenen Fotografien auf Fotos passionierter Eisenbahnfotografen zurückgreifen. Ein großes Dankeschön an diese Unterstützer. Die abgebildeten Fahrkarten stammen aus meiner eigenen Sammlung.

Peter Wegenstein, im September 2018

Die Karte (von Freytag & Berndt aus dem Jahr 1953) auf der gegenüberliegenden Seite zeigt das Straßenbahnnetz, bevor die Umstellung einzelner Linien auf Autobusse begonnen hat.

Zur Stadtentwicklung

Die Stadt Wien hat sich seit dem Bau der ersten Straßenbahn wesentlich verändert. 1865 war das Stadtgebiet durch den Linienwall, der etwa dem heutigen Gürtel entsprach, nach Westen, Süden und Osten begrenzt. Gegen Norden lag Wien am Donaukanal, wobei auf dessen Nordseite der Bereich Untere Augartenstraße über die Heinestraße bis zur Franzensbrückenstraße noch zum Stadtgebiet gehörte.

Eine für die Verkehrsentwicklung Wiens wichtige Besonderheit war die Verzehrsteuer. Sämtliche Waren, die in die Stadt gebracht wurden, mussten versteuert werden. Den freien Zugang in die Metropole verhinderte der Linienwall, der der Sicherung der Steuergrenze diente. Zugänge in die Stadt bestanden nur bei den Linienämtern.

Die Lage der Donau entsprach in jener Zeit oberhalb von Nußdorf ungefähr der heutigen, danach teilte sich der Strom in drei Hauptarme, die sich etwa bei der heutigen Ostbahnbrücke wieder zu einem Fluss vereinigten. Eine bedeutende Änderung für die Stadt brachte die Regulierung der Donau, die den heutigen Donaustrom schuf. Sie erfolgte vom 14. Mai 1870 (Spatenstich) bis zum 30. Mai 1875 (Eröffnung für die Schifffahrt). Mit diesem Bau wurde auf der Nordseite das Überschwemmungsgebiet geschaffen und das stadtseitige Donauufer zur Schiffsanlagestelle mit vielen Verladefirmen ausgebaut. Erst danach konnte der Bereich zwischen Donaukanal und Donau durch Schüttungen angehoben und besiedelt werden. Die Zollgrenze wurde zur Donau verlegt.

In den Jahren 1890 bis 1892 erfolgten die Eingemeindung der Vororte und die Ausdehnung des Stadtgebietes außerhalb des Gürtels. Die Linie wurde an die neue Stadtgrenze verlegt. Einige der damals gebauten Linienämter gibt es heute noch (z. B. Linzer Straße, Speisinger Straße, Triester Straße).

1904 erweiterte man die Stadt abermals: Die eingemeindeten Orte nördlich der Donau wurden zum 21. und 22. Bezirk (seit 1954). Erneut verlegte man die Steuergrenze, doch mittlerweile wurden Steuern nur für Großtransporte eingehoben, die eigentliche Linie benötigte man nicht mehr.

Die Stadt selbst wächst weiter. Nach der Verdichtung der Vororte begannen die Stadterweiterungen im Süden und Norden, die bis heute nicht abgeschlossen sind.

Wissenswertes zur Technik der Straßenbahn

In den 1850er-Jahren entstanden die Pferdestraßenbahnen. Ein Pferd kann nur eine bestimmte Kraft aufbringen – diese muss groß genug sein, den Rollwiderstand des Wagens, den es zu ziehen hat, zu überwinden. Der Zustand der Fahrbahn hat einen wesentlichen Einfluss auf den Rollwiderstand. Um 1860 waren die Straßen in den Städten gepflastert, dadurch war der Widerstand so groß, dass Pferdewagen mit zwei Pferden nur etwa 15 Personen befördern konnten. Die glatte Oberfläche der Schienen und die eisernen Räder an den Fahrzeugen sorgten dagegen für einen wesentlich geringeren Rollwiderstand. Bei den ersten Pferdebahnwagen in Wien konnten zwei Pferde einen mit 36 Personen besetzten Wagen ziehen. Das ergab einen kostengünstigen Tarif für die Fahrgäste und gute Einnahmen für den Betreiber.

Ein Problem brachten in Wien die vielen Straßen mit Steigungen, da dies erforderlich machte, zusätzliche Pferde vorzuspannen. So bekam ein Wagen beim Apolloberg in der Gumpendorfer Straße wegen 52,4 ‰ Steigung zwei zusätzliche Pferde vorgespannt. 1899 (in diesem Jahr begann die Elektrifizierung) standen 4691 Pferde im Einsatz. Die Tagesleistung eines Pferdes lag bei 24,57 Kilometern. Der Pferdebahnbetrieb bestand vom 4. Oktober 1865 bis zum 23. Dezember 1903.

Für Linien mit großem Fahrgastaufkommen testete man den Einsatz von Dampflokomotiven. Erste Probefahrten fanden am 15. April 1874 statt, aus wirtschaftlichen Gründen unterblieb aber vorläufig der betriebliche Einsatz. Dampfstraßenbahnen gab es in Wien vom 27. Oktober 1883 bis zum 23. Jänner 1922.

Neben Dampflokomotiven wurden auch andere Techniken erprobt wie etwa Triebwagen mit Druckluftantrieb oder Akkumulatoren sowie Dampftriebwagen. Durchsetzen konnte sich letztlich der Elektrotriebwagen mit Stromzuführung durch die Fahrleitung.

In Mödling wurde die erste öffentliche elektrische Bahn am 22. Oktober 1883 in Betrieb genommen. 1894 folgten Straßenbahnen in Gmunden und Baden. Ab 1897 gab es auch in Wien die erste elektrische Linie. Sie hatte ursprünglich ein Fahrleitungssystem mit Rollenstromabnehmer und ab 1899 das heute übliche Bügelsystem.

Der gute Erfolg des elektrischen Betriebs führte zur Planung der Umstellung des gesamten Straßenbahnnetzes. Hochadel und Kaiserhaus verbaten jedoch den Bau einer Oberleitung in jenen Straßen, die sie regelmäßig befuhren. Dieses Verbot wurde dem Volk gegenüber mit dem Hinweis auf die Architektur der betroffenen Straßen scheinheilig begründet. Im Falle der inneren Mariahilfer Straße oder der Lothringerstraße konnte allerdings von schützenswerter Architektur sicherlich nicht gesprochen werden. Für die Jubiläumsausstellung im Prater 1898 war der elektrische Betrieb über die Ringstraße und Löwengasse bis zur Prater Hauptallee vorgesehen, daher erforderte das bestehende Verbot eine besondere Lösung. Die Linie erhielt am Kai und ab der Uraniastraße eine Oberleitung. Die Wagen bekamen Akkumulatoren und bezogen für die Strecke über den Ring aus diesen den elektrischen Strom.

Nach der Auflassung der Unterleitung wurden die Kanäle eingeschlagen und verschüttet, die Gleise selbst blieben, solange sie brauchbar waren, weiter in Betrieb. Beim Gleisbogen von der Maderstraße zum Rennweg konnte dieser Zustand noch am 24. Dezember 1967 fotografiert werden. Die linke Schiene hatte die Unterleitung. Noch vorhanden waren auch die Eisendeckel über den Reinigungsöffnungen des Unterleitungskanals.

In dieser Mischbetriebsform wurde in der Folge der Betrieb abgewickelt. Eine Dauerlösung war das aber nicht, daher erhielten die vom Verbot betroffenen Straßen eine unterirdische Stromzuführung. Dafür wurde unter der linken Fahrschiene ein 78 Zentimeter tiefer Kanal mit zwei Stromschienen gebaut.

Die Triebwagen besaßen Stromabnehmer für die Unterleitung und Oberleitung. Beim Systemübergang wurde ein kurzes Streckenstück sowohl mit Oberleitung als auch Unterleitung ausgerüstet und mit einer Haltestelle versehen. Bei dieser musste der Fahrer den Bügelwechsel durchführen. Diese unterirdische Bauart war sehr aufwendig in Bau und Betrieb, ermöglichte aber die Elektrifizierung des gesamten Straßenbahnnetzes. Elektrischer Betrieb besteht in Wien seit 28. Jänner 1897, vom 18. Juli 1901 bis 20. Dezember 1915 gab es Strecken mit Unterleitung.

Beim Bau der ersten Pferdebahnlinie dachte man auch an die Beförderung von Güterwagen, das führte zur Einführung einer der Normalspur von 1435 Millimeter entsprechenden Spurweite. Der Betrieb von Vollbahnwagen auf der Straßenbahn hätte aber eine breite Rille bei den Schienen erfordert und wäre ein Hindernis für den Straßenverkehr gewesen. Daher gab man die Pläne des Güterverkehrs mit Vollbahnwagen auf und baute einen einfachen Oberbau mit schmaler Rille, der dann die Nennspurweite von 1440 Millimeter erhielt. Der Unterschied in der Spurweite gegenüber der Normalspur liegt einerseits in der anderen Schienenform und andererseits in den Toleranzen der Gleise und Achsen. Wie die WLB (AG der Wiener Lokalbahnen) zeigt, gibt es bei richtiger Anwendung kein Problem durch diesen Unterschied. Die offizielle Änderung auf Normalspur erfolgte während des Zweiten Weltkrieges.

Die engeren Rillen gegenüber der Vollbahn erfordern schmälere Spurkränze der Straßenbahnräder. Mit diesen können Fahrzeuge beim Befahren von Vollbahnweichen entgleisen, sodass dort, wo beide Bahnsysteme verkehren, besondere Weichen eingebaut werden müssen. Auf der Außenstrecke nach Baden gibt es Weichen mit beweglichem Herzstück, die beide Systeme anstandslos befahren können.

Die erste Pferdebahnlinie baute man für den Probebetrieb nur eingleisig mit Ausweichen, die weiteren Linien bekamen zwei Gleise. In den Stadtentwicklungsgebieten wurde der vorläufige eingleisige Betrieb mit der Auflage des späteren zweigleisigen Ausbaues genehmigt.

Bei zweigleisigen Straßenbahnlinien gab es immer wieder Engstellen durch zu eng stehende Häuser. Dort, wo eine Straße generell zu schmal war, wurden die Gleise in verschiedenen parallelen Straßen gebaut. So etwas gibt heute noch in der Rosensteingasse und der Taubergasse. Bei kurzen Engstellen wurde ein eingleisiger Abschnitt, Schnürstelle genannt, eingebaut. Die letzte Schnürstelle (vor Stammersdorf) entfiel am 21. Oktober 1990 durch zweigleisigen Ausbau.

In engen Straßen kam es zu einem weiteren Problem: Fuhrwerke behinderten beim Laden die Straßenbahn. Als Lösung wurden Geschäftsausweichen mit zwei Weichenverbindungen eingebaut. Im Bedarfsfall konnten die ladenden Fahrzeuge umfahren werden. Die letzte Geschäftsausweiche (am Heumarkt) entfiel am 24. November 1972.

Straßenbahnen müssen die gleiche Fahrrichtung wie der Straßenverkehr haben, daher bestand von Beginn an Linksfahren. Nach dem Ersten Weltkrieg begann man von Vorarlberg aus, in Österreich in mehreren Abschnitten das Rechtsfahren im Straßenverkehr einzuführen. 1935 wurden diesbezügliche Planungen für die Umstellung der Wiener Straßenbahn abgeschlossen. Die Vorarbeiten sollten zwei Jahre dauern, da im Bereich von Haltestelleninseln, Linienendstellen und Betriebsbahnhöfen große Gleisänderungen und der Umbau vieler Fahrzeuge erforderlich waren. Wegen der hohen Kosten wurde die Umstellung immer wieder aufgeschoben, nach dem „Anschluss" Österreichs 1938 wurde sie kurzfristig angeordnet. Man begann sofort mit den wichtigsten Bauarbeiten. Am 18. September 1938 endete um 21 Uhr der Straßenbahnbetrieb mit Linksfahren, ab 19. September 1938 wurde mit Betriebsbeginn rechts gefahren. Viele Bauten mussten nach der Umstellung erst fertiggestellt werden, ein Fall (siehe Foto auf Seite 12) ist bis heute nicht ausgeführt worden. Beachtenswert ist, dass es heute wieder im Bereich von Haltestellen einzelne Streckenabschnitte mit Linksfahren gibt. Der letzte wurde am 1. September 2017 (Kennedybrücke) in Betrieb genommen.

Beim Aufenthalt des Wagens 618 am 4. März 2018 in der Endstelle Grinzing sieht man, dass sich das Bahnsteigdach hinter den haltenden Wagen befindet. Beim Linksfahren wurde die Schleife in der anderen Richtung befahren, daher lag der Haltepunkt der Züge in der Durchfahrt, und das Bahnsteigdach schützte die Fahrgäste vor den Unbilden der Witterung. Bei der Umstellung auf Rechtsfahren hat man hier bis heute auf den Umbau des Daches vergessen.

Die Wiener Straßenbahngesellschaften

Zum Bau der ersten Pferdebahn in Wien wurde die Firma Carl Schaeck-Jaquet & Compagnie gegründet und die erste Linie vom Schottenring nach Dornbach am 4. Oktober 1865 in Betrieb genommen. 1867 schrieb Wien zusätzliche Konzessionen für Pferdebahnen aus. Dazu fusionierte die Firma mit anderen Bewerbern zur Wiener Tramway-Gesellschaft (WT), die in der Folge das Pferdebahnnetz ausbaute und 1897 die erste elektrische Linie in Betrieb nahm. Für die weitere Elektrifizierung und den Ausbau des Straßenbahnnetzes wurde die Gesellschaft am 1. Dezember 1898 liquidiert. Die Konzessionen übernahm die Gemeinde Wien. Für die Elektrifizierung gründete man die Bau- und Betriebsgesellschaft für städtische Straßenbahnen in Wien. Nachdem am 28. Februar 1902 die letzte der ehemaligen WT-Pferdebahnlinien elektrifiziert war, wurde die Bau- und Betriebsgesellschaft aufgelöst und am 4. April die Gesellschaft Gemeinde Wien – Städtische Straßenbahnen (WVB) gegründet, die nach mehreren Änderungen der Gesellschaftsform heute noch den Betrieb führt.

1871 war es unter den Gesellschaftern der WT zu einem Streit über den weiteren Ausbau des Liniennetzes gekommen. Gustav Dreyhausen schied aus und gründete am 22. November 1872 die Neue Wiener Tramway-Gesellschaft (NWT). Diese plante ein zum Großteil außerhalb des Gürtels liegendes Pferdebahnnetz, das jenes der WT ergänzen und zu ihm auch in Konkurrenz stehen sollte. 1895 beteiligte sich die NWT an den Projekten zur Elektrifizierung des Streckennetzes in Wien, doch 1902 wurde der Verkauf der Linien an die Gemeinde Wien beschlossen. Die Übernahme durch die WVB erfolgte am 8. August 1902.

Die NWT beabsichtigte, die Linie nach Wiener Neudorf bis Baden zu verlängern und mit der dortigen Straßenbahn zu verbinden. Aus diesem Grund wurde am 22. März 1888 die neue, heute noch bestehende Wiener Lokalbahnen Aktiengesellschaft gegründet. Die NWT führte bis 1893 den Betrieb der Lokalbahn.

Die Kahlenbergbahn hatte großes Interesse an einer Straßenbahnlinie von der Zahnradbahnstation in Nußdorf bis ins Stadtzentrum und erhielt dazu am 10. Jänner 1885 die Konzession. Zur Realisierung schloss die Kahlenbergbahn einen Bau- und Betriebsvertrag mit der NWT ab. Die Linie nach Nußdorf besteht heute als Linie D und wurde gemeinsam mit den Linien der NWT durch die WVB übernommen.

Das Lokalbahngesetz von 1880 ermöglichte den Bau und Betrieb kostengünstiger Bahnen niederer Ordnung. Die Lokomotivfabrik Krauss & Comp. in München und Linz war am Bau von Dampftramwaylinien interessiert und realisierte ab 1883 im Süden und Norden Wiens vier Linien. Am 22. September 1888 kam es zur gesellschaftlichen Neuordnung durch Gründung der Aktiengesellschaft Dampftramwaygesellschaft, vormals Krauss & Comp. 1907 erwarb die Gemeinde Wien auch diese Gesellschaft und übernahm ab 1. Jänner 1908 den Betrieb der Linien.

Das Unternehmen Gotthard Ritter von Ritschl, das schon Pferdebahnwagen geliefert hatte, bemühte sich um den Bau elektrischer Straßenbahnen nördlich der Donau. Von mehreren geplanten Linien wurden zwei unter der Bezeichnung Kagranerbahn verwirklicht. 1904 kaufte die Gemeinde Wien die Linien und integrierte sie in das Straßenbahnnetz.

Als letzte Gesellschaft ist die Lokalbahn Wien–Preßburg zu nennen. Die Stadtstrecke dieser Linie wurde nach Vollbahnnormen gebaut und hatte keinen direkten Anschluss an das Wiener Straßenbahnnetz.

Beim Umbau der Gleisanlagen am Höchstädtplatz am 27. Oktober 1954 benötigt man den Kranwagen 6112 für den Gleisbau. Im Hintergrund werden die Wagen 6055 und 7103 mit Abraummaterial beladen.

Straßenbahnen und Güterverkehr

Den ersten schienengebundenen Güterverkehr gab es auf den Linien der Dampftramway Krauss & Comp. (DTK). Auf den nördlichen Linien wurden sogar Normalspurwagen auf Rollschemeln transportiert.

Die NTW übernahm Transporte für die Baustellen der Stadtbahn, ansonsten blieben Pläne eines Güterverkehrs unausgeführt.

Die WLB hatte auf ihrer Linie von Anfang an Güterverkehr mit beachtenswerten Ziegeltransporten. Die Ziegel kamen im Werk in Behälter, die auf Güterwagen standen. Diese Behälter wurden in Gaudenzdorf mithilfe eines Krans direkt auf Pferdewagen verladen und so zur Baustelle gebracht. 1893 wurde der Güterverkehr vom Bahnhof Gaudenzdorf zum neuen Bahnhof Wolfganggasse verlegt und erst am 1. Dezember 1939 aufgelassen.

Mit Beginn des Ersten Weltkrieges wurden viele Fuhrwerke und Lastautos vom Militär requiriert, ab August 1914 musste die Straßenbahn Transportausgaben übernehmen. Zuerst wurden Lebensmittel aus dem Norden Wiens zu den Märkten gebracht, dann folgten Kohlentransporte, schließlich auch Baumaterial und Post sowie ab 1918 Leichen.

Von Mitte 1917 bis Mitte 1918 wurden folgende Gütermengen befördert:

Militärfracht: 46.748 Tonnen

Verpflegungsgüter: 131.789 Tonnen

Sonstige Güte: 12.151 Tonnen

Gemüse: 6665 Tonnen

Ab Anfang 1918 transportierte man zusätzlich insgesamt 874 Leichen.

Nach dem Krieg wurden Transporte von Brenn- und Baumaterial weiterhin durchgeführt, von Jahr zu Jahr jedoch weniger.

Während des Zweiten Weltkrieges musste die Straßenbahn erneut viele Transportaufgaben übernehmen. Im Jahr 1943 wurden die meisten Güter bewegt: auf 624.642 Wagenkilometern 201.640 Tonnen. Nach 1945 beförderte man vor allem Bauschutt. 1947 waren mit 138.669 Tonnen auf 648.396 Wagenkilometern die höchsten Beförderungsleistungen zu verzeichnen, danach lief der Güterverkehr langsam aus. Heute ist er auf interne Transporte beschränkt.

Der Zug zum Transport von Schotter, bestehend aus den Wagen 6014, 7509 und 7515, am 9. Oktober 1953 auf der Augartenbrücke.

Das Liniennetz der Wiener Straßenbahnen

Die Beschreibung des Liniennetzes erfolgt in etwa in der Reihenfolge der Liniennummern, wobei der Name der Gesellschaft nur bei anderen Gesellschaften als WT und WVB angeführt ist.

Die Linienbezeichnungen

Die Linien der Pferdestraßenbahnen wurden mit runden oder eckigen farbigen Symbolen gekennzeichnet. Der Ausbau des Liniennetzes nach der Elektrifizierung machte dieses System immer unübersichtlicher. 1907 wurde das auch heute noch übliche System mit Nummern und Buchstaben eingeführt. Linien, die rund um die Stadt fahren, haben Nummern zwischen 1 und 20. Jene, die vom Stadtzentrum Richtung Stadtrand fahren, die Nummern 21 bis 82. Dabei beginnt die Zählweise beim Julius-Raab-Platz mit 21 und steigt entgegen dem Uhrzeigersinn an. Linien, die eine Kombination aus beiden sind, erhalten Buchstaben (AK). Die Stadtbahnlinien sind mit Buchstaben unabhängig vom Straßenbahnnetz bezeichnet. Das System beinhaltet heute auch die Buslinien, diese haben eine Zahl und zusätzlich einen Buchstaben (beispielsweise 11A). U-Bahnlinien werden fortlaufend bezeichnet.

Die Ringlinie und Zweierlinie

Am Anfang der Beschreibung sollen die Rundlinien stehen, deren bedeutendste über Kai und Ring führt. Die Pferdebahn nahm am 8. Juni 1869 vom Julius-Raab-Platz über den Kai bis zur Schottengasse und am 30. Juni 1868 auf der restlichen Strecke den Betrieb auf. Ab 6. August 1898 bestand am Kai zwischen Julius-Raab-Platz und Schottenring elektrischer Betrieb mit Oberleitung und auf der restlichen Strecke mit Akkumulatorbetrieb. Die endgültige Elektrifizierung fand am 22. Oktober 1900 von der Weiskirchnerstraße bis zum Julius-Raab-Platz, am 24. Dezember 1901 von der Stadiongasse bis zur Weiskirchnerstraße und am 10. Jänner 1902 vom Schottenring bis zur Stadiongasse statt.

Am 30. Juni 1954 fährt ein Zug der Linie L mit Triebwagen 2101 am Franz-Josefs-Kai Richtung Schottenring. Neben dem Zug sieht man das am anderen Ufer des Donaukanals gelegene, 1945 ausgebrannte Hotel beim Dianabad.

Am Ring vor dem Parlament fährt am 28. September 1968 der Zug der Linie T mit den Wagen 415 und 1600. Die Garnitur besteht aus Wagen, die vor dem Ersten Weltkrieg gebaut wurden und ab 1952 neue Karosserien erhalten haben.

Die Schneeräumung war Angelegenheit der Straßenbahn. Dabei wurden an den Triebwagen lenkbare Schneepflüge (keine Schienenfahrzeuge) angehängt. Der Mitarbeiter am Pflug musste diesen lenken und konnte die Räumbleche verstellen. Am 24. Februar 1955 ist eine solche Räumfahrt mit Triebwagen 2259 am Ring vor dem Parlament unterwegs. Damals war der Ring für den Autoverkehr noch keine Einbahnstraße.

Am Ring bei der Zufahrt zum Burgtor ist am 16. Februar 1955 ein Zug der Linie L mit Wagen 2188 und 3287 unterwegs.

Parallel zum Ring fuhr die Zweierlinie, die ihren Beginn bei der Währinger Straße hatte. Am 16. November 1901 wurde der Betrieb von der Schwarzspanierstraße über die Garnisongasse, Landesgerichtsstraße, Auerspergstraße, Museumstraße, Messeplatz und Getreidemarkt bis zur Linken Wienzeile aufgenommen und am 26. Jänner 1902 über die Friedrichstraße, Lothringerstraße, Johannesgasse und Am Heumarkt bis zur Invalidenstraße verlängert.

Der Betrieb der heutigen Linie O wurde am 28. Dezember 1899 von der Invalidenstraße bis zur Marxergasse und am 12. September 1900 bis zur Oberen Weißgeberstraße aufgenommen. 1913 kam es zum Umbau der Kreuzung mit der Wiedner Hauptstraße, 1924 erfolgte im Bereich Friedrichstraße die Verlegung der Strecke zur Rechten Wienzeile.

Zwischen Landesgerichtsstraße und Karlsplatz wurde die Straßenbahn ab 8. Oktober 1966 unterirdisch geführt. Diesen Tunnelabschnitt baute man zur U2 um. Am 28. Juni 1980 wurde die Straßenbahn von der Währinger Straße bis zum Karlsplatz und vom Schwarzenbergplatz bis zur Invalidenstraße aufgelassen.

Vom 25. Oktober 1903 bis 8. August 1974 gab es von der Lothringerstraße durch die Technikerstraße und Maderstraße bis zum Rennweg eine Strecke als Ersatz für verkehrsbehindernde Abzweigungen am Schwarzenbergplatz.

Der Zug der Linie E^2 mit Wagen 2472, 3677 und 3648 quert am 20. September 1959 beim Getreidemarkt die Mariahilfer Straße. Hinter dem Zug befindet sich das Kunsthistorische Museum und im Hintergrund das Naturhistorische Museum.

Am 12. März 1980 hält der Zug der Linie H^2 mit den Wagen 528, 1706 und 1710 in der Haltestelle Lerchenfelder Straße. Das Bild zeigt den Umbau der U-Strab (Unterpflaster-Straßenbahn) zur Linie U2. Die Haltestelle Lerchenfelder Straße der U2 wurde am 26. September 2003 aufgelassen.

Am 31. Oktober 1960 fahren die Wagen 4746 und 3625 als Zug der Linie G^2 am Ende der Rechten Wienzeile. Zu den beachtenswerten Gebäuden am Bild gehören die Secession aus dem Jahr 1897/1898 und das Verkehrsbüro aus dem Jahr 1922/1923, das genau auf dem Gewölbe des Wienflusses steht.

Am 27. Februar 1959 passiert der Zug der Linie G^2 mit den Wagen 795 und 3293 das Künstlerhaus. Von hier bis zum Schwarzenbergplatz besteht auch heute noch eine Straßenbahnstrecke.

Am 28. Februar 1954 wendet ein Zug der Linie 75 mit Triebwagen 2275 auf der als Schleife verwendbaren Gleisanlage in der Maderstraße. Hier gibt es heute anstelle dieser Straßenverbindung einen kleinen Park.

Die Bezirkslinie

Der erste Abschnitt der Bezirkslinie führte ab 20. August 1900 von der Skodagasse mit getrennten Gleisen durch die Kochgasse und Lederergasse zur Neubaugasse, dann über die Amerlingstraße, Hofmühlgasse und Pilgramgasse zum Margaretenplatz. Hier gab es sieben Schnürstellen bei der Betriebsaufnahme, wovon bei der Einstellung noch zwei vorhanden waren. Der zweite, am 22. Oktober 1901 eröffnete Teil führte vom Margaretenplatz durch die Ziegelofengasse, Leibenfrostgasse, Lambrechtgasse, Johann-Strauß-Gasse, Rainergasse und Belvederegasse zum Sankt-Elisabeth-Platz, dann getrennt über die Belvederegasse und Karolinengasse bis zur Prinz-Eugen-Straße. Bei der Eröffnung gab es vier Schnürstellen, davon war eine bei der Einstellung noch vorhanden. Die Linie wurde am 2. Juli 1961 aufgelassen.

Zwischen Ungargasse und Löwengasse gab es vom 11. März 1901 bis 28. September 1941 eine Verbindung in getrennten Gassen, und zwar in der Rochusgasse und Kundmanngasse sowie in der Sechskrügelgasse und Rasumofskygasse. Die Gleise wurden bis 29. Juni 1961 und der Abschnitt in der Kundmanngasse bis 3. August 1973 für Betriebsfahrten weiterverwendet.

Die Bezirkslinie führte durch viele enge Gassen, wie dieses Bild aus der Kochgasse zeigt. Eine Garnitur der Linie 13 mit Triebwagen 2005 quert am 6. Juni 1961 die Laudongasse.

Die Transversallinien

Die heutige Linie 5 wurde auch nördliche Transversallinie genannt. Die Inbetriebnahme erfolgte am 1. Mai 1873 als Pferdebahn vom Praterstern aus bis zur Nußdorfer Straße, am 5. Juni 1890 bis zur Mariahilfer Straße und am 23. Juni 1890 in die Wallgasse. Ab 19. Oktober 1891 bestand eine Verbindung zur Linie in der Gumpendorfer Straße. Auf der Strecke querte man die in den Stadtbereich führenden Täler, daher mussten in insgesamt fünf Abschnitten aufgrund von Steigungen Pferde vorgespannt werden,

Am 7. Juli 1959 fahren die Wagen 2168 und 3308 als Zug der Linie 24 in der Nordbahnstraße vor dem mächtigen Gebäude des Nordbahnhofes. Noch besteht das Gebäude vollständig, doch im Jahr 1965 wird es abgebrochen und durch einen Plattenbau ersetzt.

Am 4. März 1967 fährt ein Zug der Linie 5 mit den Wagen 4125 und 1111 am Tabor. Bis 11. Oktober 1964 führte die Linie durch die rechts vor dem Zug sichtbare Trunnerstraße.

wofür man 15 zusätzliche Pferde benötigte. Aus diesem Grund wurde die Linie 5 als erste Strecke Wiens am 28. Jänner 1897 elektrifiziert. Die heute nicht ganz verständliche Führung der Linie parallel zum Gürtel hatte ihren Grund darin, dass die Transversallinie im Stadtgebiet der damaligen Zeit die letzte Verbindung innerhalb der Zollgrenze darstellte. Verlegungen gab es am 11. Oktober 1964 von der Trunnerstraße nach Am Tabor, am 15. Juli 1912 von der Skodagasse in die Lange Gasse und Laudongasse sowie am 18. November 1928 von der Wallgasse auf den inneren Gürtel. Zu größeren Änderungen kam es im Bereich Praterstern 1972 und 2008 sowie bei der Endstelle Mariahilfer Straße im Jahr 1993.

Vom 12. Dezember 1912 bis zum 18. September 1946 bestand eine Entlastungsstrecke von der Spitalgasse durch die Lazarettgasse, Zimmermannplatz und Albertgasse bis zur Florianigasse.

Ein Zug der Linie O mit Triebwagen 2407 fährt am 13. April 1957 in der Nordwestbahnstraße zur Taborstraße. Rechts im Bild ist der letzte noch vorhandene Rest des Aufnahmsgebäudes des Nordwestbahnhofes zu erkennen.

Die Friedensbrücke passieren am 1. November 1956 die Wagen 872 und 3005 als Linie 5. Die durchgestrichene Ziffer des Liniensignals besagt, dass dieser Zug nicht die gesamte Strecke der Linie befährt. Eine Besonderheit ist auch der Beiwagen dieses Zuges mit Mitteleinstieg. Insgesamt wurden nur zehn Beiwagen mit Mitteleinstieg gebaut.

In der Alserbachstraße ist am 29. Jänner 2018 der Zug der Linie 5 mit Wagen 4063 und 1466 Richtung Praterstern unterwegs. Im Hintergrund sieht man die aus dem Jahr 1880 stammende Markthalle.

Am Christian-Broda-Platz endete die nördliche Transversallinie (5) und begann die südliche Transversallinie (6) von 1928 bis 1968. Am 15. April 1967 passieren der Zug 4160 und 1137 der Linie 5 den Zug 488 und 1241 der Linie 6. Auf diesem Platz zwischen Kaiserstraße und Gürtel befand sich ursprünglich das Linienamt.

Die südliche Transversallinie ist die heutige Linie 6. Die Pferdebahn in der Gudrunstraße von der Laxenburger Straße bis zum Keplerplatz wurde am 30. Mai 1873 eröffnet, der Abschnitt von der Reinprechtsdorfer Straße über Matzleinsdorfer Platz, Gudrunstraße bis Laxenburger Straße am 11. Juni 1891. Der elektrische Betrieb startete am 5. Oktober 1899 von der Wallgasse über Gumpendorfer Straße, Brückengasse, Reinprechtsdorfer Straße, Matzleinsdorfer Platz und Gudrunstraße bis Keplerplatz.

Die Fortsetzung in die Quellenstraße bis Waldgasse wurde am 29. März 1900 fertig, die Schleife am Gellertplatz und der Weiterbau bis zur Absberggasse am 11. Oktober 1900, sowie am 30. November 1905 der Anschluss an die Simmeringer Hauptstraße. Dies war erst nach dem Bau der Unterführung der Ostbahn möglich.

Am 18. November 1928 erfolgte die Umlegung von der Wallgasse auf den inneren Gürtel. Der Bau der U-Strab am Wieder Gürtel brachte am 17. Dezember 1968 die Verlegung von der Mariahilfer Straße bis Nevil-

Auf der Hinterseite der Gumpendorfer Pfarrkirche fährt am 24. März 1967 der Zug der Linie 6 mit Wagen 451 und 1234 Richtung Simmering. Dieser Streckenabschnitt wurde am 17. Dezember 1968 aufgelassen, die Linie fährt seither über den Gürtel.

Am 23. April 1967 fährt der Zug der Linie 6 mit Wagen 451 und 1269 durch die Gudrunstraße Richtung Matzleinsdorfer Platz. Die Garnitur hat noch das ursprüngliche Aussehen mit drei Zierleisten und Spitze an der Stirnseite. Ab etwa 1967 wurden die Zierleisten aus Kostengründen bei neuen Fahrzeugen und nach neuer Lackierung nicht mehr angebracht.

legasse über den Gürtel und die Schönbrunner Straße. Mit Eröffnung der U-Strab am 11. Jänner 1969 kam es zur Auflassung der Strecke von der Schönbrunner Straße über Reinprechtsdorfer Straße und Gudrunstraße sowie zur Verlegung auf U-Strab und Quellenstraße. Bis 2020 ist die Inbetriebnahme einer Zweigstrecke von der Absberggasse bis zum Ende der Quellenstraße vorgesehen.

Zu den kriegswichtigen Betrieben wurde von der Simmeringer Hauptstraße durch Krausegasse, Rappachgasse, Wachthausgasse, Lautenschlägergasse und 1. Haidequerstraße bis zu einer Schleife neben dem Donaukanal die Linie 106 gebaut. Am 14. Dezember 1942 nahm man die Strecke bis zur Lautenschlägergasse in Betrieb, am 23. Juni 1943 war sie vollständig fertiggestellt. Da immer mehr Fabriken geschlossen wurden, erfolgte am 15. Mai 1971 die Auflösung.

Die Hauptaufgabe der Linie 106 war die Beförderung der Arbeiter zu den neben dem Donaukanal gelegenen Fabriken. Während tagsüber ein einfacher Triebwagen ausreichte, waren zu Schichtwechsel selbst die Dreiwagenzüge überfüllt. Am 3. Mai 1966 fahren die Wagen 2229, 1960 und 1948 in der Krausegasse Richtung Simmeringer Hauptstraße.

Die Gürtellinien

Die NWT baute eine Straßenbahn außerhalb der Zollgrenze mit Ausgangspunkt bei der Mariahilfer Straße. Richtung Norden führte die Pferdebahn ab 9. Juni 1874 bis zur Neulerchenfelder Straße, ab 9. Juli 1875 bis zur Jörgerstraße, ab 13. August 1882 bis zur Schulgasse. Am 13. Mai 1883 erreichte sie die Nußdorfer Straße. Das letzte eingleisige Stück bis zur Liechtensteinstraße wurde ab 20. Juli 1885 nur für Betriebsfahrten verwendet. Am 7. Mai 1883 führte die NWT Dampflokbetrieb bis zur Sternwartestraße

Am 12. April 1968 fährt der Zug der Linie 8 mit den Wagen 505, 1710 und 1704 am Europaplatz Richtung Glatzgasse. Der mittlere Beiwagen dieses Zuges hat bereits weniger Zierleisten als die beiden anderen Wagen. Dieser Bereich ist durch den Zugang zur U-Bahn und die umgelegten Straßenbahngleise heute stark verändert.

Am 23. März 1968 fuhr die Linie 8 noch am äußeren Gürtel. Hier passiert der aus den Wagen 73, 1418 und 1472 bestehende Zug die Kirche Maria vom Siege. Die Wagen der Type B und b, aus denen der Zug gebildet ist, waren die ersten nach dem Zweiten Weltkrieg gebauten neuen Straßenbahnwagen und die ersten Wagen mit automatischen Türen.

ein. Aufgrund des Baus der Stadtbahn kam es zwischen 1895 und 1900 zu Gleisumlegungen, bis die endgültige Trasse am äußeren Gürtel fertiggestellt war. Der elektrische Betrieb bis zur Anastasius-Grün-Gasse wurde am 15. März 1903 fertig, am 27. Juni 1903 erfolgte die Verlängerung bis zur Nußdorfer Straße, am 13. August 1903 bis zur Liechtensteinstraße.

Richtung Süden baute die NWT eine Pferdebahn zum Bahnhof Meidling der Südbahn. Dabei gab es Probleme mit der WT, da diese bei der Kreuzung mit der Strecke in der Mariahilfer Straße nur ein Gleis für Betriebsfahrten genehmigte. Am 13. November 1883 wurde die Pferdebahnlinie von der Mariahilfer Linie bis zur Sechshauser Straße eröffnet. Das zweite Gleis und der Linienbetrieb über die Mariahilfer Straße wurden erst am 4. Februar 1884 genehmigt. Ab 31. Mai 1884 ging die Strecke bis zur Eichenstraße kurz vor der Aßmayergasse in Betrieb. Die engen Gassen im Bereich Sechshaus erforderten die Führung der Linie über Sechshauser Gürtel, Ullmannstraße, Pfeiffergasse, Diefenbachgasse, Ullmannstraße, Lobkowitzbrücke, Meidlinger Hauptstraße bis Eichenstraße. Im Herbst 1894 wurde ein Gleis aus der Pfeiffergasse und Diefenbachgasse durchgehend in die Ullmannstraße verlegt. Am 15. März 1903 kam es zur Verlegung beider Gleise von der Ullmannstraße über die Stiegergasse bis zur Sechshauser Straße. Am 12. Jänner 1903 wurde der Abschnitt von der Eichenstraße bis zur Niederhofstraße elektrifiziert, am 15. März 1903 die nördliche Strecke bis zur Anastasius-Grün-Gasse. Am 16. November 1968 erfolgte die Umlegung in die Theresienbadgasse und am 18. März 1970 von der Stiegergasse bis zur Sechshauser Straße wieder zurück in die Ullmannstraße bis zum inneren Gürtel. Die Auflassung der Abschnitte Meidlinger Hauptstraße über Gumpendorfer Gürtel und Sorbaitgasse bis zur Kreuzgasse erfolgte am 7. Oktober 1989 mit der Betriebsaufnahme der U6 bis Bahnhof Meidling. Der Abschnitt Schulgasse bis Liechtensteingasse wurde mit gleichem Tag nur mehr für Betriebsfahrten benützt.

Eine weitere Linie folgt dem Gürtel Richtung Osten. Die Linie 18 führte am Sechshauser Gürtel ab 31. Dezember 1912 von der Ullmannstraße über Eichenstraße, Matzleinsdorfer Platz bis zum Südtiroler Platz. Zwischen Eichenstraße und Matzleinsdorfer Platz wurde die Strecke der WLB benützt. Am 6. Oktober 1914 folgte die Inbetriebnahme der Strecke von der Fasangasse bis zum Rennweg.

Ab 19. November 1903 führte eine eingleisige Strecke für Betriebsfahrten vom Rennweg bis zum Ludwig-Koeßler-Platz, die am 24. Jänner 1904 in den Linienbetrieb überging und eine Verlängerung bis zur Schüttelstraße erhielt. Ab 1911 wurde der eingleisige Abschnitt zweigleisig ausgebaut. Aufgrund des Baus der U-Strab wurde am 28. Februar 1965 der Abschnitt Matzleinsdorfer Platz bis Südtiroler Platz aufgelassen und die Linie 18 über die Gudrunstraße umgeleitet. Am 11. Jänner 1969 wurde die U-Strab von der Eichenstraße bis zur Argentinierstraße eröffnet. Am 17. Dezember 1969 erfolgte die Verlegung der Strecke vom Sechshauser Gürtel zum Gumpendorfer Gürtel. Nach der Einstellung der Linie in der Schüttelstraße wurde am 27. April 1970 der Abschnitt ab Ludwig-Koeßler Platz eingestellt.

Am 1. November 1968 befährt der aus den Wagen 2485, 3953 und 3970 gebildete Zug der Linie 7 den äußeren Gürtel. Den Bildhintergrund prägt die 1898 in Betrieb genommene Brücke der Stadtbahn, die auch heute noch von der U6 benützt wird.

Die Strecke am Margaretengürtel gehörte vor dem Bau der U-Strab der WLB und durfte von der Straßenbahn mitbenützt werden. Am 16. April 1967 war die Strecke bei der Fahrt des Zuges der Linie 62 mit den Wagen 564, 1818 und 1771 noch in der alten Form in Betrieb, doch kündigt sich auf der rechten Bildseite bereits der Umbau zur U-Strab an.

Bei der Flurschützstraße hat am 11. Jänner 1969 der Triebwagen 56 des Eröffnungszuges der Tunnelstrecke gerade das Eröffnungsband zerrissen.

Die Rundlinien 9 und 10

Die Rundlinie 9 befuhr neben mehreren Radiallinien ab 1. März 1924 die Teilstrecke von Felberstraße bis Herbststraße zweigleisig; ab 31. Dezember 1902 die Strecke Herbststraße bis Thaliastraße eingleisig, ab 1910 zweigleisig; ab 5. August 1901 die Strecke Thaliastraße bis Johann-Nepomuk-Berger-Platz eingleisig, ab 1975 zweigleisig; und ab 30. Dezember 1908 die Strecke Elterleinplatz bis Kreuzgasse zweigleisig. Für den nie erfolgten Weiterbau von der Kreuzgasse Richtung Währinger Straße wurden 1908 die Weichen und Kreuzungen eingebaut. Am 9. Oktober 1989 wurde der erste Teil der Linie in die Märzstraße verlegt und der Abschnitt Felberstraße bis Märzstraße aufgelassen.

Die Rundlinie 10 befuhr ab 30. August 1902 neben einigen Radiallinien die Teilstrecken Mariahilfer Straße bis Linzer Straße zweigleisig mit einer Schnürstelle bis 1923, ab 17. Juni 1903 den Abschnitt Linzer Straße bis Laurentiusplatz eingleisig, ab 1928 zweigleisig; ab 6. Oktober 1903 die Strecke Laurentiusplatz bis Joachimsthalerplatz eingleisig, ab 1953 zweigleisig; ab 25. April 1902 den Abschnitt Joachimsthalerplatz bis Thaliastraße eingleisig, ab 1910 zweigleisig; und 26. März 1966 die Strecke Thaliastraße bis Wilhelminenstraße zweigleisig.

Am 18. Juni 1961 präsentiert sich die Feßtgasse noch als typische Gasse der Vorstadt. Den eingleisigen Streckenabschnitt befährt ein Zug der Linie 9 mit Triebwagen 2375. Mittlerweile sind die Häuser durch Neubauten ersetzt, und auch die Straße wurde verbreitert. Seit 7. Mai 1975 ist die Straßenbahn zweigleisig ausgebaut.

Die Rundlinie 11

Die Linie 11 verlief im Norden der Stadt parallel zur Donau. Die Inbetriebnahme erfolgte am 29. September 1923 von der Ausstellungsstraße bis zur Ostbahn (ab 1969 zweigleisig), ab 18. Oktober 1923 vom Mexikoplatz bis zur Ausstellungsstraße, am 5. August 1924 von der Pielachgasse bis Mexikoplatz und am 11. Dezember 1928 vom Friedrich-Engels-Platz bis zur Pielachgasse.

Am Friedrich-Engels-Platz wurde am 6. Juli 1954, am Olympiaplatz bei der Streckeneröffnung und bei der Ostbahn am 10. September 1969 eine Schleife errichtet.

Die Elektrifizierung der ÖBB-Strecke bei der Innstraße führte am 7. Jänner 1974 zur Einstellung der Straßenbahn im Abschnitt von Friedrich-Engels-Platz bis Weschelstraße. Es folgte die Einstellung von Weschelstraße bis Mexikoplatz am 10. November 1982, Mexikoplatz bis Elderschplatz am 16. März 1978, und wegen des Bau der U2 von Elderschplatz bis Ostbahn am 30. Juni 2008.

Bis 2020 soll eine neue Linie vom Praterstern Richtung Rudolf-Bednar-Park zur Innstraße und später zum Friedrich-Engels-Platz gebaut werden.

Der Triebwagen 2159 der Linie 11 hat am 20. März 1959 die Strecke der ÖBB vom Donauuferbahnhof zum Frachtenbahnhof Wien Nord überquert und erreicht nun die Ausweiche vor der Innstraße. Die Elektrifizierung der ÖBB-Strecke erforderte 1974 die Einstellung des Straßenbahnbetriebes. Das rechts neben dem Zug sichtbare Signal mit kreisförmigem Signalbild deckt (schützt) die eingleisige Straßenbahnstrecke und verbietet einem Gegenzug die Fahrt auf der Strecke.

Ein Zug der Linie 11 mit Triebwagen 2170 passiert am 1. Mai 1959 den Mexikoplatz. Den Hintergrund prägt die zur Erinnerung an das 50-jährige Regierungsjubiläum Kaiser Franz Josephs I. erbaute Kirche.

Am 14. Jänner 1967 ist der Wagen 4222 als Linie 11 in der Wehlistraße unterwegs. Damals befand sich die Strecke noch im ursprünglichen Bauzustand, die Gegend war mit wenigen Industriebetrieben besiedelt. Heute finden sich hier viele Wohn- und Bürobauten. Die am 4. Juli 1969 zweigleisig ausgebaute Straßenbahn wurde am 30. Juni 2008 durch die U2 ersetzt.

An der ursprünglichen Endstelle bei der Ostbahn wartet am 20. April 1959 der Zug der Linie 11 mit den Wagen 2159 und 5339 auf die Abfahrt.

Die nördlichen Radiallinien

Am Julius-Raab-Platz zweigte die Straßenbahnlinie zum Bahnhof Leopoldau vom Ring ab und führte über Asperbrückengasse, Praterstraße, Praterstern, Lassallestraße, Reichsbrücke, Wagramer Straße und Sebaldgasse zur Endstelle in der Kürschnergasse.

Die Pferdestraßenbahn verkehrte ab 30. Juni 1868 bis zu den Strombädern, die etwa in der heutigen Strommitte lagen. 1870 kam es aufgrund der Donauregulierung zur Kürzung der Linie bis zur Radingerstraße, am 23. Mai 1876 zur Verlängerung zu den neuen Strombädern.

Für den elektrischen Betrieb entstand neben der Engerthstraße der neue Betriebsbahnhof Vorgarten. Von dort aus wurde am 28. Jänner 1897 die Strecke bis zum Praterstern gemeinsam mit der Transversallinie elektrifiziert. Ab 23. Februar 1901 konnten in der Praterstraße elektrische Wagen bis zum Carltheater fahren. Nach Verstärkung der Aspernbrücke erfolgte am 23. November 1901 vom Julius-Raab-Platz bis zu den Communalbädern die Aufnahme des elektrischen Betriebes.

Ab 23. September 1909 ersetzte eine Gleisschleife um die Parkanlage die alte Endstelle am Handelskai. Die elektrisch betriebene eingleisige Fortsetzung vom Mexikoplatz bis Kagraner Platz realisierte die Kagranerbahn. Der Betrieb zur Schießstätte vor der Alten Donau wurde am 26. Juni 1898 und bis zum Kagraner Platz am 22. Dezember 1898 aufgenommen. Die Strecke wurde bis 1942 zweigleisig ausgebaut, dann folgten die Verlängerungen bis zur Schleife bei der Eipeldauer Straße am 21. Oktober 1962 und über die Sebaldgasse und Kürschnergasse bis zur Haltestelle Leopoldau am 18. September 1976.

Für Probleme sorgten Brücken. Wegen des Neubaus der Aspernbrücke vom 29. April 1911 bis 10. Februar 1920 wurde eine Umfahrungsstrecke von der Praterstraße bis zur Taborstraße gebaut, die bis 26. April 1972 in Betrieb blieb. Die Sprengung der Aspernbrücke am 6. April 1945 unterbrach bis zur Fertigstellung einer Notbrücke am 12. Dezember 1945 den Straßenbahnbetrieb.

Die geringe Tragfähigkeit der ersten Reichsbrücke gestattete das Befahren nur mit leichten Straßenbahnwagen. Nach Fertigstellung der Kettenbrücke war ab 3. Oktober 1937 der Einsatz aller Straßenbahnwagen möglich. Der Einsturz der Reichsbrücke am 1. August 1976 um 4:43 Uhr unterbrach die Straßenbahn bis zur Fertigstellung der Notbrücke am 16. Oktober 1976. Die U1 brachte die Auflassung dieser Linie mit Ausnahme des Abschnittes von Erzherzog-Karl-Straße bis Kagraner Platz. Zwischen Donaustadtstraße und Wintzingerodestraße wurde die Linie am 4. September 1982 zum Dr.-Adolf-Schärf-Platz (U-Bahn-Station Kagran) verlegt und am 19. August 2013 vom Dr.-Adolf-Schärf-Platz über die Prandaugasse und Tokiostraße zur Donaufelder Straße. Die Einstellungen erfolgten vom Julius-Raab-Platz bis Praterstern am 1. März 1981, bis Erzherzog-Karl-Straße mit Bahnhof Vorgarten am 4. September 1982 und vom Kagraner Platz bis Leopoldau am 21. Juli 2006.

Am Gelände zwischen Ausstellungsstraße, Vorgartenstraße, Meiereistraße und Südportalstraße fand 1873 die Weltausstellung statt, danach nützten große Ausstellungen und die Wiener Messe diesen Platz. Für die Weltausstellung 1873 wurde vom 1. Mai 1873 bis 1874 eine Pferdebahnlinie von der Lassallestraße durch die Venediger Au und Ausstellungsstraße bis zur Nordportalstraße betrieben.

Für die Internationale Elektrische Ausstellung 1883 wurde am 1. September 1883 eine Pferdebahn vom Praterstern über Ausstellungsstraße, Perspektivstraße und Südportalstraße bis zur Rotunde in Betrieb genommen. Ab 10. Juli 1887 wurde diese Linie über die Lagerhausstraße zur Rotunde geführt.

Für die Kaiser-Jubiläums-Ausstellung 1898 wurde unter teilweiser Benützung der Pferdebahn eine elektrische Linie vom Praterstern über die Perspektivstraße zur Rotunde gebaut und für die Dauer der Ausstellung, vom 7. Mai 1898 bis 31. Oktober 1898, betrieben.

Die Elektrifizierung der Pferdebahn erfolgte am 23. November 1901 mit Aktivierung der Strecke über die Lagerhausstraße bis zur Rotunde. Es folgten am 16. Oktober 1902 die Verlängerung in der Ausstellungsstraße bis zur Engerthstraße und am 29. September 1923 die Verbindung mit der neuen Linie in der Engerthstraße.

Ab 11. Juni 1923 gab es eine Schleife beim Elderschplatz und von 1909 bis 3. September 2003 eine weitere Schleife von der Nordportalstraße bis Lagerhausstraße.

Die Auflassung der Abzweigung zur Rotunde erfolgt 1947, jene der gesamten Linie nach Fertigstellung der U2 am 30. Juni 2008.

Die zweite Linie der Kagranerbahn führte ab 14. Februar 1899 von der Wagramer Straße durch die Schüttaustraße bis zur Berchtoldgasse. Ab 17. Juni 1923 gab es eine Schleife am Schüttauplatz und bis 1967 den zweigleisigen Ausbau. Beachtenswert war hier der Verkehr zum Strandbad Gänsehäufel. Die Einstellung erfolgte gemeinsam mit der Linie in der Wagramer Straße am 4. September 1982.

Von der Wagramer Straße zweigte ab 26. November 1910 durch die Erzherzog-Karl-Straße bis zur Ostbahn eine eingleisige Linie ab. Am 12. Juni 1968 ersetzte eine Schleife die Endstelle, gleichzeitig entfiel der letzte eingleisige Streckenabschnitt. Seit 4. September 1971 ist die Linie bis zum Donauspital und seit 23. Oktober 1995 bis Aspern verlängert.

Am Schwedenplatz zweigte die Strecke durch die Taborstraße vom Kai ab. Die Pferdebahn bis vor den Nordwestbahnhof in der Nordwestbahnstraße wurde am 23. August 1882 eröffnet und am 22. Oktober 1900 elektrifiziert. Am 3. Juli 1901 folgte die Verlängerung bis in die Innstraße zur Endstelle vor der Engerthstraße. Kriegsbedingt wurde am 1. Februar 1916 eine Verlängerung als Anschlussbahn und ab 5. Mai 1917 als öffentliche Straßenbahn zur Vonwiller Mühle neben dem Handelskai gebaut. Die Strecke in der Innstraße wurde am 30. März 1945 eingestellt und zwecks Gewinnung von Oberbaumaterial abgetragen.

Ab 11. Juli 1903 gab es eine Linie in der Dresdnerstraße von der Innstraße bis vor die Stromstraße. Aufgrund der erst beginnenden Verbauung dieses Gebietes blieb die Linie bis 1908 eingleisig. Ab 22. April 1909 bestand am Höchstädtplatz eine Wendeanlage, die vom 28. Oktober 1939 bis zum 28. September 1954 eine Schleife ersetzte. Dann wurde die Linie zur neuen Schleife am Friedlich-Engels-Platz geführt. Der Neubau der Schwedenbrücke vom 15. Juni 1906 bis 29. April 1911 erforderte eine Umfahrungsstrecke über die Marienbrücke und Gredlerstraße, die auch heute noch besteht. Zum Kriegsende wurden beide Brücken zerstört, die Strecke über die Schwedenbrücke war vom 22. Jänner 1945 bis 25. November 1946 und jene über die Marienbrücke vom 21. Februar 1945 bis 25. Oktober 1953 unterbrochen.

Am 12. April 1885 wurde durch die Heinestraße eine Pferdestraßenbahn bis zum Praterstern in Betrieb genommen und am 7. Dezember 1901 elektrifiziert. Diese Strecke wurde bei einem Bombenangriff am 10. September 1944 zerstört, nicht repariert und brauchbares Oberbaumaterial ausgebaut. Am 11. Dezember 1956 wurde die Strecke über die Heinestraße und Mühlfeldgasse zum Praterstern wieder aktiviert. Seit 10. Mai 2008 ist die Strecke nur Betriebsgleis.

Ein Zug der Linie A mit den Wagen 4048, 5279 und 5238 verlässt am 8. März 1968 den Praterstern und fährt durch die Praterstraße Richtung Ring. Die Linie A fuhr anschließend über den Ring zum Kai und dann wieder zur Praterstraße. Die Linie Aĸ führte zuerst über den Kai und dann über den Ring zur Praterstraße.

Im Juli 1955 wurde am Praterstern bereits gebaut, die Gleisanlage der Straßenbahn entspricht noch dem Stand von 1907. Im Bild sind drei Züge der Linie 5 (zwei von unten und einer von links), ein Zug der Linie 25 (von rechts vor dem Haus nach links fahrend) sowie Züge der Linien A, B und Aκ (von links neben dem Tegetthoffdenkmal nach rechts fahrend) zu sehen. Vor dem links im Bild erkennbaren Zug: ein Stellwerkshäuschen. Von dort aus wurden die wichtigen Abzweigweichen durch einen Stellwerkswärter gestellt.

Am 26. September 1976, also nur wenige Tage nach der Eröffnung bis Leopoldau, ist hier ein Zug der Linie 25 mit den Wagen 4056 und 5207 kurz vor der Endstelle Leopoldau unterwegs. Die Linie wurde so dringend benötigt, dass, wie das Bild zeigt, nach der Eröffnung noch viele Restarbeiten durchzuführen waren.

Am 6. Oktober 1976 war der Abtrag der Reste der Reichsbrücke im Gange. Das Bild zeigt den Pfeiler mit dem ausgebrochenen Betonteil, der zum Einsturz der Brücke führte.

Vom selben Tag stammt auch dieses Foto. Am 6. Oktober 1976 fand für die Straßenbahn die Belastungsprobe der Notbrücke zum Ersatz der Reichsbrücke statt. Im Bild eine Reihe Triebwagen der Type B.

Die Salztorbücke war der Ausgangspunkt der von der DTK am 7. Juni 1886 eröffneten Dampftramway nach Stammersdorf. Das Gleis verlief neben dem Donaukanal auf Höhe des Treppelweges bis nach der Augartenbrücke, stieg dann auf Straßenniveau an und gelangte durch die Obere Donaustraße und Jägerstraße zur Stromstraße weiter, entsprechend der heutigen Linie 31 bis Stammersdorf. In der Peitlgasse entstand der Betriebsbahnhof mit Anschlussgleis zum Bahnhof Jedlesee der Nordwestbahn. Wegen des Baus der Kaiserbadschleuse wurde 1901 zwischen Salztorbrücke und Augartenbrücke der Betrieb vorläufig eingestellt, aber nie mehr aufgenommen.

Nach der Übernahme der DTK durch die WVB begann man mit dem zweigleisigen Ausbau und der Elektrifizierung. Am 18. Jänner 1910 wurde ein Anschluss an die Straßenbahn in der Unteren Augartenstraße hergestellt und der elektrische Betrieb bis Gaußplatz sowie vom Friedrich-Engels-Platz bis zur Stockgleisanlage vor der heutigen Schnellbahnhaltestelle Brünner Straße aufgenommen. Zwischen Gaußplatz und Friedrich-Engels-Platz gab es schon ab 7. April 1909 elektrischen Betrieb. Ab der Schnellbahnhaltestelle Brünner Straße wurde der elektrische Betrieb bis Großjedlersdorf am 17. Oktober 1911 und bis Stammersdorf am 30. Dezember 1911 aufgenommen. Der zweigleisige Ausbau war erst 1990 fertig.

Die DTK hatte die Dampftramway 1903 bis Auersthal und 1909 bis Groß Schweinbarth verlängert, diese Abschnitte wurden zur Vollbahn ausgebaut und kamen letztlich zur Bundesbahn. Vom 8. April 1945 bis 19. Mai 1946 war die Strecke wegen Sprengung durch die Wehrmacht und vom 23. Dezember 1976 bis 2. April 1977 wegen Baufälligkeit der Floridsdorfer Brücke unterbrochen. Für den neuen Bahnhof Floridsdorf der Schnellbahn wurde am 4. Juni 1961 die Straßenbahnlinie im Bereich Floridsdorfer Hauptstraße in die Schöpfleuthnergasse und zum Franz-Jonas-Platz verlegt. Straßenausbauten führten am 23. August 1978 zur Verlegung der Linie auf die Route von der Unteren Augartenstraße bis Wexstraße. Dabei wurde der Abschnitt von Augartenbrücke bis Gaußplatz abgetragen und von Gaußplatz bis Wallensteinplatz ab 1996 zum Betriebsgleis.

Bei der Unterführung der Stromstraße unter der Nordwestbahn strebt am 1. Mai 1953 der Zug der Linie 231 mit den Wagen 428, 1398 und 1333 Richtung Stadt.

Vor dem Bau des Entlastungsgerinnes hatte die Donau bei Hochwasser ein imposantes Aussehen. Am 16. Juni 1959 sieht man bei der Fahrt des Zuges der Linie 31/5 mit den Wagen 709 und 3078 den extrem breiten Fluss.

In der Prager Straße fährt am 27. August 1960 der Wagen 4217 als Linie 331 Richtung Stadt. Der Wagen ist einer von 42 Wagen, die 1949 gebraucht von New York gekauft wurden und nach entsprechender Anpassung in Wien bis 1969 eingesetzt wurden.

Bei der Fahrt Richtung Stadt wurde der Zug der Linie 331 mit den Wagen 734 und 1889 auf der Floridsdorfer Brücke von einem Baukran aus fotografiert. Nach dem Einsturz der Reichsbrücke wurden in Wien viele Brücken genau untersucht. Dabei entdeckte man bei der Floridsdorfer Brücke viele Zeitschäden. Die Brücke musste für den Straßenverkehr gesperrt werden, daneben baute man die neue Brücke.

Gemeinsam mit der Linie nach Stammersdorf eröffneten die DTK auch die Linie nach Groß-Enzersdorf. Diese entsprach bis zur Kraygasse der heutigen Linie 26 und führte dann entlang Hirschstettner Straße, Aspernstraße, Groß-Enzersdorfer-Straße, Eßlinger Hauptstraße, Wiener Straße und Schloßhofer Straße zum am östlichen Ortsrand von Groß-Enzersdorf gelegenen Endbahnhof. Am 23. Jänner 1912 wurde zwischen Brünner Straße und Wagramer Straße mit Anschluss an die Wagramer Straße der elektrische Betrieb aufgenommen. Die Elektrifizierung bis Groß-Enzersdorf folgte am 23. Jänner 1922. Damit verschwand die letzte Dampftramway in Wien.

Von der Wagramer Straße bis Groß-Enzersdorf erfolgte am 30. August 1970 die Einstellung. Der Abschnitt Franz-Jonas-Platz bis Wagramer Straße folgte am 4. September 1971, blieb aber für den internen Verkehr für die Fahrt von Floridsdorf nach Kagran weiter in Betrieb.

Nach dem Einsturz der Reichsbrücke wurden die aufgelassenen Ausweichen wieder aktiviert, und vom 10. August 1976 bis 16. Oktober 1976 nahm man provisorisch den Linienbetrieb wieder auf, danach baute man die Linie zweigleisig aus. Obwohl die zweigleisige Strecke bereits am 7. Dezember 1979 fertiggestellt war, wurde der endgültige Linienbetrieb erst am 4. September 1982 wieder aufgenommen. Aufgrund der regen Bautätigkeit in diesem Teil der Stadt wurde am 5. Oktober 2013 über den Kagraner Platz bis zur Kraygasse die alte Strecke wieder aufgebaut und bis zur Hausfeldstraße eine Neubaustrecke für die Linie 26 in Betrieb genommen.

Den Bahnhof Stammersdorf der Dampftramway verlässt am 1. November 1954 der Zug der Linie 331 mit den Wagen 2412, 295 und 250. Die beiden Beiwagen stammen noch von der Dampftramway und wurden im elektrischen Betrieb weiterverwendet. Das mächtige Bahnhofsgebäude war 1912 für die zur Vollbahn umgebaute Außenstrecke der Straßenbahn errichtet worden. Das ursprüngliche Gebäude der Dampftramway wurde erst 2017 abgetragen und ist in der Bildmitte hinter dem zweiten Zug zu erkennen.

Am 24. März 2018 fährt am Kagraner Platz der Wagen 725 als Linie 26 zur Seestadt. Hier bestand vom 7. Juni 1886 bis 31. August 1970 die Straßenbahn nach Groß-Enzersdorf. Die heutige Linie wurde am 5. Oktober 2013 eröffnet und fährt am Kagraner Platz auf der gleichen Stelle wie die alte Linie. Hinter dem Zug ist das ehemalige Aufnahmsgebäude der Dampftramway zu sehen, das heutige Bezirksmuseum.

Dass auch eine eingleisige Straßenbahn außerordentliche Verkehrsleistungen erbringen kann, zeigt dieses Bild vom 28. April 1957. Ein Flugplatzrennen am Flughafen Aspern erforderte verstärkten Verkehr. Bei der Ausweiche bei der Ostbahn warten sieben Garnituren auf den Einsatz. Das fehlende Liniensignal am vordersten Zug bedeutet, dass diesem Zug noch mindestens ein weiterer Zug folgen wird. Erst der letzte Zug einer Fahrtrichtung darf ein Liniensignal tragen.

Die heutige Straßenbahnlinie 26 zur Seestadt hat wegen der mit einem Mittelbahnsteig gebauten Haltestelle Gewerbepark Stadlau einen Bereich mit Linksfahren. Am 24. März 2018 kommt der Wagen 668 vom rechten Gleis, passiert die Kreuzung mit dem zweiten Gleis, um dann am linken Gleis weiter zur Seestadt zu fahren.

Die eingleisige Straßenbahn nach Leopoldau zweigte von der Schloßhofer Straße ab und führte über die Fahrbachgasse, Angerer Straße und Leopoldauer Straße bis zum Leopoldauer Platz. Die Linie bestand vom 9. Mai 1917 bis 10. April 1970.

Am Floridsdorfer Spitz beginnt die Strecke nach Strebersdorf, die am 19. Jänner 1912 bis nach der Autokaderstraße und am 29. September 1923 bis zum Edmund-Hawranek-Platz eröffnet wurde. Die Linie wurde 1930 am Floridsdorfer Spitz umgebaut und ab 4. Juni 1961 zum Franz-Jonas-Platz verlegt. Am 29. November 1940 erhielt die Endstelle in Strebersdorf eine Schleife. Am 17. September 1961 nahm man die neue Brücke der Nordwestbahn in Betrieb, bis 1963 wurde die gesamte Linie zweigleisig ausgebaut.

In Leopoldau konnte sich der dörfliche Charakter noch sehr lange halten. Am 1. Mai 1963 verlässt der Zug der Linie 17A mit Wagen 2034 und 3593 den Leopoldauer Platz Richtung Franz-Jonas-Platz.

Die Prager Straße bekam bereits beim Bau der Nordwestbahn eine Überführung. 1907 musste diese wegen des zweigleisigen Ausbaus der Bahn neu gebaut werden. Diese Überführung, im Volksmund auch Eisenbahnberg genannt, passiert am 20. Mai **1961 der Zug der Linie 132 mit Wagen 2066 und 3399.** Damals war die Straßenbahn noch eingleisig, so wie sie ursprünglich gebaut wurde.

Am 17. September 1961 wurde die neue Straßenbrücke mit der zweigleisigen Straßenbahn in Betrieb genommen. Aus Strebersdorf kommt am 17. September 1968 der Zug der Linie 132 mit den Wagen 744 und 1783. Im Hintergrund ist der Bisamberg zu sehen.

Am 25. Mai 1954 fährt ein Zug der Linie 132 mit den Wagen 2141, 250 und 256 über die Augartenbrücke. Den Hintergrund prägt die Baustelle des Ringturmes, der heute zu den attraktivsten Hochhäusern der Stadt zählt. Zu beachten sind auch die beiden ehemaligen Dampftramwaywagen als Beiwagen.

Am 2. Juni 2017 fährt der Wagen 731 als Linie 31 durch die Klosterneuburger Straße.

Die nächste Strecke, mit Ausgangspunkt bei der heutigen U-Bahn-Station Schottenring, nahm am 2. Juni 1883 als Pferdebahnlinie durch die Untere und Obere Augartenstraße bis zur Taborstraße den Betrieb auf und war ab 7. Dezember 1901 elektrifiziert. Der Abschnitt von der Unteren Augartenstraße bis zur Taborstraße wurde am 2. April 1973 eingestellt. Am 26. Juli 1902 nahm die Zweiglinie in der Oberen Augartenstraße und Klosterneuburger Straße bis zur Wexstraße den Betrieb auf. Die eingleisige Verlängerung war ab 23. Juli 1904 über die Gunoldstraße und Barawitzkagasse bis zur Döblinger Hauptstraße bis 17. November 1944 in Betrieb. Dann wurde das Gleis bis zur Heiligenstädter Straße zwecks Gewinnung von Oberbaumaterial abgetragen. Die Strecke in der Barawitzkagasse blieb für Sonderverkehr (Fußballplatz) bis 22. September 1970 weiter in Betrieb. Am 22. April 1909 wurde die Verbindung von der Wexstraße zur Stromstraße hergestellt. Vom 5. Dezember 1911 bis 8. Dezember 1957 gab es eine Schleife durch Eßlinggasse, Gonzagagasse und Zelinkagasse, die dann durch die Schleife am Kai ersetzt wurde.

Die Straßenbahnen in Richtung Nordwesten

Die heutige Linie D zweigt bei der Wipplingerstraße vom Ring ab. Am 5. Juni 1882 nahm hier die Pferdebahn bis in die Alserbachstraße und ab 4. Juli 1888 bis zur Viriotgasse den Betrieb auf. Am 26. Mai 1899 folgte die eingleisige Verlängerung zur Wendeanlage am Börseplatz. Am 24. Oktober 1900 wurde der elektrische Betrieb von der Maria-Theresien-Straße bis zur Viriotgasse aufgenommen, und am 11. Juli 1902 folgte das restliche Streckenstück beim Ring, das man 1912 zweigleisig ausbaute. Die Wendeanlage wurde vom 12. Juli 1923 bis 30. November 1971 durch eine Schleife um den Börseplatz ersetzt, dann durch eine Schleife über die Nebenfahrbahn des Rings. Vom 8. Jänner 1902 bis 12. Oktober 1907 wurde die Verbindung durch die Viriotgasse mit 76‰ Steigung bis zur Nußdorfer Straße hergestellt. Dann wurde diese Verbindung durch jene zur Liechtensteinstraße ersetzt. Das Streckenstück von der Althanstraße bis zum Liechtenwerder Platz wurde am 5. August 1983 von der Liechtensteinstraße in die Augasse verlegt.

Die Kahlenbergbahn vom Ring bis Nußdorf wurde von der NWT betrieben. Sie führte ohne Anschluss an die Ringlinien von der Hohenstaufengasse durch die Liechtensteinstraße zum Liechtenwerder Platz und von dort so wie die heutige Linie D nach Nußdorf. Die zweigleisige Bahn hatte insgesamt neun Schnürstellen und war ab 29. Dezember 1885 bis zum Liechtenwerder Platz als Pferdebahn und von dort ab 20. Juli 1885 bis zum Bahnhof der Zahnradbahn in Nußdorf als Dampftramway in Betrieb. Am Liechtenwerder Platz tauschte man die Pferde gegen die Lokomotive. Der dichte Verkehr erforderte die Sicherung der langen Schnürstellen nach Nußdorf durch eine automatische Selbstblockanlage und den raschen zweigleisigen Ausbau.

Ab 27. Juni 1903 war die Strecke zum Liechtenwerder Platz und ab 13. August 1903 jene bis Nußdorf elektrifiziert. Anlässlich der Elektrifizierung wurde die Endstelle in der Hohenstaufengasse aufgelassen und die Linie über die Kolingasse zur Wipplingerstraße geführt. Die Schnürstellen in der Liechtensteinstraße ließen sich nicht beseitigen und erforderten die Umlegung der Linie auf die heutige Führung und die Auflassung zwischen Alserbachstraße und Viriotgasse am 2. Juli 1922.

Bereits 1889 war am Nußdorfer Platz für den starken Ausflugsverkehr eine Wendeanlage entstanden, die wegen des Rechtsfahrens am 19. September 1938 aufgelassen werden musste, wodurch in der Folge die Endstelle beim ehemaligen Zahnradbahnhof überbeansprucht wurde. Daher baute man am 10. Juni 1939 um das ehemalige Aufnahmsgebäude der Zahnradbahn eine Schleife.

Am 1. Jänner 1887 eröffnete die NWT eine Pferdebahn von der Liechtensteinstraße durch die Sechsschimmelgasse zum Gürtel. Da die WT die Mitbenützung ihrer beiden Gleise in der Alserbachstraße nicht bewilligte, baute die NWT ein eigenes Gleis. Mit 16. Oktober 1894 musste über Auftrag der Eisenbahnbehörde die WT das Benützen ihrer Gleise doch gestatten, damit konnte das dritte Gleis aufgelassen werden.

Bereits am 12. Juni 1883 hatte die NWT die Pferdebahn vom Gürtel durch die Sternwartestraße, Semperstraße, Gymnasiumstraße bis vor die Billrothstraße und am 1. Jänner 1887 die Verlängerung Billrothstraße, Gatterburggasse bis zur Dollinergasse in Betrieb genommen. Ab 7. Juli 1887 durften auf dieser Strecke an Tagen mit starkem Verkehr auch Dampfzüge geführt werden.

Über die Heiligenstädter Straße führen insgesamt drei Brücken der Stadtbahn. Die dem Stadtzentrum nächste ist jene im Bild und wird heute von der U6 befahren. Am 10. August 1971 fährt ein Zug der Linie D mit den Wagen 4035 und 5406 Richtung Nußdorf. Die Strecke ist hier seit 31. Jänner 1912 zweigleisig ausgebaut.

Die Schleife der Straßenbahn in Nußdorf wurde um das Aufnahmsgebäude der am 26. November 1921 eingestellten Zahnradbahn gebaut. An der Abfahrtstelle wartet der Zug der Linie D mit den Wagen 4048 und 5274 auf die Abfahrt.

1901 wurde der Betrieb ab der Gymnasiumstraße aufgelassen (der Abschnitt in der Billrothstraße wurde 1902 reaktiviert) und am 27. Juni 1903 auf der restlichen Linie der elektrische Betrieb aufgenommen. Am 22. September 1903 ging die Verlängerung der Linie eingleisig von der Gymnasiumstraße und der Hasenauerstraße bis zur Endstelle in der Gregor-Mendel-Straße in Betrieb und wurde 1909 zweigleisig ausgebaut. Am 14. November 1960 erfolgte die Auflassung der Strecke zwischen Kolingasse und Gregor-Mendel-Straße.

Am 26. Mai 1891 wurde von der NTW eine eingleisige Dampftramwaylinie in der Grinzinger Straße bis zur Armbrustergasse in Betrieb genommen. Die Linie wurde aus Kostengründen im Winter nicht und ab 1893 an Werktagen nur mit Pferden betrieben. Der vorgesehene Weiterbau der Linie bis Grinzing scheiterte an der engen Ortsdurchfahrt hinter der Armbrustergasse. Daher wurde die Linie am 23. Dezember 1903 nach Eröffnung der Straßenbahnlinie 37 auf die Hohe Warte aufgelassen.

Ein Match am Fußballplatz auf der Hohen Warte konnte schon an die 32.000 Zuschauer anlocken. Dazu fuhren Züge von vielen Straßenbahnlinien hierher. Am 12. April 1953 verlassen die Fahrgäste den Zug der Linie 18 (Zielschild: Hohe Warte Sportplatz) mit den Wagen 2631, 3929 und 3928 bei der Haltestelle Barawitzkagasse und gehen die kurze Strecke zum Fußballplatz zu Fuß weiter. Beachtenswert ist auch das noch vollständig vorhandene Gebäude der Haltestelle Unter Döbling der Stadtbahn Vorortelinie.

Am 11. September 1960 treffen sich in der Währinger Straße bei der Nußdorfer Straße ein Zug der Linie 37 mit Wagen 4760 und der Linie 41 mit 4314. Der Wagen 4314 zählt zu den ersten in Österreich gebauten und eingesetzten Gelenkwagen. Beim Bau der Wagen wurden die Fahrgestelle alter Stadtbahnwagen weiterverwendet.

Nach Passieren der Stadtbahnbrücke, heute U6, erreicht am 10. Oktober 1959 der Zug der Linie 39 mit Wagen 709 und 5100 die Nußdorfer Straße.

Die Linie zur Hohen Warte wurde am 19. Oktober 1869 als Pferdebahn bis zum Linienamt vor dem Gürtel in Betrieb genommen. Von dort bis zur Schegargasse gab es bis 27. Mai 1870 nur Betriebsfahrten. Am 3. Jänner 1902 wurde die Linie bis zur Würthgasse verlängert und elektrifiziert. Mit der Elektrifizierung wurde die Schleife von Schottengasse über Mölker Bastei bis Ring in Betrieb genommen. Am 23. Dezember 1903 erfolgte die Verlängerung bis zur Wollergasse auf der Hohen Warte. Die Schleife in der Inneren Stadt wurde am 20. Februar 1960 aufgelassen und 16. September 1961 durch die unterirdische Schleife beim Schottentor ersetzt. Die Endstelle auf der Hohen Warte erhielt am 30. April 1966 eine Schleife.

Die Linie nach Grinzing nahm am 31. August 1902 von der Döblinger Hauptstraße bis zur Cobenzlgasse in Grinzing mit dem reaktivierten Teil der NWT-Linie in der Billrothstraße den Betrieb auf. Ab 1910 wurde die Linie durchgehend zweigleisig geführt, ab 27. März 1915 ersetzte die Schleife in Grinzing die Wendeanlage in der Cobenzlgasse.

Am 7. Oktober 1959 bewältigt ein Zug der Linie 39 mit Wagen 703 und 5072 in der Billrothstraße die Steigung zur Krottenbachstraße. Aufgrund des klaren Wetters sieht man im Hintergrund die Kirche am Leopoldsberg.

Vom 31. Dezember 1902 bis 31. August 1970 gab es vom heutigen Maria-Schaumayer-Platz durch die Sieveringer Straße bis zur Karthäuserstraße eine eingleisige Linie durch die enge Ortsdurchfahrt von Sievering.

Die Linie nach Pötzleinsdorf nahm ihren Ausgang in der Währinger Straße ab dem Gürtel. Der Betrieb begann als Pferdebahnlinie am 9. August 1884 bis zum Aumannplatz mit Fortsetzung bis zur Stadtbahnhaltestelle Gersthof am 17. Oktober 1899. Danach begannen der Weiterbau bis Pötzleinsdorf und die Elektrifizierung. Am 12. November 1901 wurde auf den gleismäßig fertigen Teil bis zur Erndtgasse ein provisorischer Pferdebetrieb und am 3. Jänner 1902 auf der gesamten Strecke bis Pötzleinsdorf der elektrische Betrieb aufgenommen. Die Wendeanlage in Pötzleinsdorf ersetzt seit 7. August 1960 eine Schleife.

Die Linie nach Gersthof führte ab 6. November 1883 als Pferdebahn und ab 3. Jänner 1902 im elektrischen Betrieb in der Währinger Straße ab der Nußdorfer Straße bis zum Gürtel, dann über Schulgasse, Semperstraße, Staudgasse und Kutschkergasse in die Kreuzgasse und von dort bis zur Sommarugagasse. Die Führung über den Gürtel war wegen der Gürtellinie der NWT erst

Die enge Ortsdurchfahrt in Sievering besteht auch heute noch, die Straßenbahn nicht mehr. Die eingleisige Strecke befährt am 10. Oktober 1959 ein Zug der Linie 39 mit den Wagen 715 und 5123. Die Wagen der Type G wurden 1900 bis 1903 mit offener Plattform gebaut. Bei der ab 1930 durchführten Verglasung der Plattformen ergab sich jedoch ein Problem. Die Kurbel der Handbremse war an der Plattformwand montiert, daher musste die Frontscheibe schräg gebaut werden, damit die Handbremse weiterverwendet werden konnte. Der Wagen 715 hat die so entstandene Kobelverglasung. Bei einigen Wagen wurde die Handbremskurbel aufwendig versetzt und die Frontscheibe gerade gebaut. Einer dieser Wagen ist der 703 am vorherigen Bild.

1903 möglich. Am 18. Februar 1924 wurde bei der Endstelle eine Schleife über die Antonigasse in Betrieb genommen, und am 9. Juli 1966 baute man sie in die heutige Form um. Die Verlängerung der Strecke zur Gentzgasse erfolgte am 17. November 1924. Der Bereich um den Bahnhof der Vorortelinie wurde mehrmals umgebaut und hat ab 27. August 1984 seine heutige Form. Beim Bahnhof Gersthof verlässt die Strecke die Gentzgasse und führt seit 12. Juni 1911 in die Herbeckstraße.

Die nächste Linie fährt vom Ring bei der Universitätsstraße nach Neuwaldegg. Die Abschnitte Universitätsstraße bis Kinderspitalgasse und Taubergasse bis Wattgasse gehörten zur ersten Pferdestraßenbahn Wiens, wurden am 4. Oktober 1865 eingleisig eröffnet und bis 1877 zweigleisig ausgebaut. Die Verbindung der beiden Abschnitte musste wegen der zu schmalen Jörgerstraße über die Ottakringer Straße gebaut werden. Am 24. April 1866 folgte die Verlängerung bis zur Vollbadgasse und am 8. August 1869 der Anschluss an die Ringlinie. Nach Verbreiterung der Jörgerstraße konnte dort am 22. Juni 1890 der Straßenbahnbetrieb aufgenommen werden. Der Abschnitt Skodagasse bis Wattgasse wurde ab 2. Juli 1901 nur für Betriebsfahrten elektrisch benützt, auf der Strecke Wattgasse bis Vollbadgasse nahm man den elektrischen Linienbetrieb auf. Ab 8. August 1901 gab es elektrischen Betrieb von der Universitätsstraße bis zur Wattgasse und ab 10. Dezember 1901 bis Neuwaldegg. Dort wurde an der Endstelle am 6. Mai 1906 eine Schleife in Betrieb genommen. Den Bereich am Ring baute man mehrfach um, die heutige obere Schleife besteht seit 29. April 1961.

Die ursprüngliche Strecke Alser Straße über Ottakringer Straße bis Taubergasse sowie Rosensteingasse wurde am 8. August 1901 elektrifiziert. Am 2. Dezember 1928 ging die Strecke von der Mayssengasse über Wilhelminenstraße, Sandleitengasse und Güpferlingstraße bis zur Hernalser Hauptstraße in Betrieb. Seit 30. November 1961 besteht eine Schleife bei der Hernalser Hauptstraße durch die Paschinggasse.

Die bei der Stadiongasse vom Ring abzweigende Linie, die bis zum Nepomuk-Berger-Platz und ab da bis zur Maroltingergasse führt, wurde am 11. Dezember 1887 als Pferdebahn der WT vom Ring bis zur Blindengasse in Betrieb genommen und 1898 bis knapp vor den inneren Gürtel verlängert. Die Pferdebahnlinie der NWT begann nach dem äußeren Gürtel und führte ab 3. Juni 1873 durch die Neulerchenfelder Straße und Ottakringer Straße bis zur Redtenbachergasse und ab 25. Juni 1873 bis zur Maroltingergasse. Die Verbindung mit der Linie am Gürtel wurde am 9. Juni 1874 hergestellt. Beide Linien waren zweigleisig mit insgesamt elf Schnürstellen. Der Abschnitt Florianigasse bis Blindengasse wurde von der Transversallinie mitbenützt und war daher ab 28. Jänner 1897 elektrifiziert. Der elektrische Betrieb von der Stadiongasse bis Endstelle vor den inneren Gürtel wurde am 25. September 1901 und die Verbindung zur Ringlinie am 14. Dezember 1901 in Betrieb genommen. Die Linie der ehemaligen NWT hatte ab 5. April 1903 elektrischen Betrieb. Am 14. August 1903 wurden beide Strecken über den Gürtel verbunden. Bis 1910 wurden alle Schnürstellen aufgelassen, mit Ausnahme der beiden letzten in der Ottakringer Straße. Diese beiden wurden ab 24. November 1911 umfahren, da ein Gleis über die Enenkelstraße zur Thaliastraße geführt wurde. Zum günstigeren Umsteigen in die Vorortelinie verlegte man diese Verbindung am 9. Oktober 1987 in die Paltaufgasse.

Die Haltestelle Schottentor hat der Zug der Linie 43 mit Wagen 569, 1798 und 1761 am 21. September 1967 bereits verlassen, nun fährt er auf der oberen Schleife beim Schottentor weiter zur Universitätsstraße.

Am 14. August 2017 fährt Wagen 801 als Linie 43 am Zimmermannplatz Richtung Schottentor. Hinter dem Zug ist die Brücke der Stadtbahn zu sehen, heute Linie U6.

Einen für eine Großstadt beachtlichen Anblick bieten in der Vollbadgasse die mächtigen Weingärten. Diese attraktive Stelle passiert am 30. April 1975 ein stadteinwärts fahrender Zug der Linie 43 mit den Wagen 4040, 5316 und 5340.

Vor dem Parlament fährt der Zug der Linie 46 mit Wagen 2243 und 5201 am 1. November 1956 stadtauswärts. In der Straße hinter dem Parlament verlaufen heute die Verbindungsgleise zur Linie in der Josefstädter Straße.

Am 2. August 2017 erreicht Wagen 780 als Linie 46 den Schmerlingplatz bei der Fahrt zum Ring.

In der Endstelle Steinhof hält am 2. April 1961 der Zug der Linie 47 mit den Wagen 2291, 3802 und 3822.

Damit bei den häufigen Sperren der Ringstraße die Linie in der Josefstädter Straße betrieben werden kann, wurde am 28. Dezember 2009 eine Verbindungsstrecke in der Reichsratsstraße zur Schleifenanlage bei der Bellariastraße in Betrieb genommen.

Die Linie nach Ottakring zweigt bei der Hansenstraße von der Bellariastraße ab und führte ab 1. Dezember 1883 als zweigleisige Pferdebahn mit drei Schnürstellen durch die Lerchenfelder Straße bis vor die Blindengasse. Im Zuge der Elektrifizierung wurde die Linie bis zur Maroltingergasse weitergebaut und nach Fertigstellung der Gleise am 16. Jänner 1901 provisorisch mit Pferden bis zum Stillfriedplatz in Betrieb gesetzt. Ab 20. Mai 1901 war die gesamte Strecke elektrisch in Betrieb. In der Maroltingergasse ist diese Linie mit jener in der Ottakringer Straße verbunden. Bis 1987 entfielen die Schnürstellen.

Eine Straßenbahnlinie führte vom Joachimsthalerplatz über den Flötzersteig, Spiegelgrundstraße und Sanatoriumstraße zu den Heilanstalten am Steinhof. Dabei benützte die eingleisige Linie die Trasse der für den Anstaltsbau gebauten Vollbahn, wurde am 12. Jänner 1908 bis zur Flötzersteigbrücke und am 21. Jänner 1910 bis zur Heilanstalt in Betrieb genommen und am 11. Februar 1962 eingestellt.

Bei der Bellariastraße zweigte ab 2. Juni 1870 vom Ring die Pferdebahn nach Hietzing ab und führte über Bellariastraße, Burggasse, Breite Gasse, Siebensterngasse, Stiftgasse sowie Mariahilfer Straße bis zur Neubaugasse. Diese Linienführung musste gewählt werden, da im unteren Teil der Mariahilfer Straße erst in späteren Jahren der Abbruch von Häusern den Bau einer Straßenbahn ermöglichte. Der Streckenabschnitt von der Neubaugasse bis zum Gürtel war ab 25. November 1869 und von Mariahilfer Straße, Schloßallee, Hadikgasse bis Einwanggasse schon früher, ab 18. August 1868, in Betrieb. Die Eröffnung des Reststücks über die Hietzinger Hauptstraße bis zum Anna-Strauss-Platz folgte am 4. Dezember 1899. Am 8. April 1885 wurde in der Mariahilfer Straße vom Ring bis zur Stiftgasse der Pferdebetrieb Richtung Hietzing aufgenommen, am 20. Juni 1896 das zweite Gleis in der Gegenrichtung. Die Elektrifizierung begann in der Babenbergerstraße am 28. Oktober 1901 bis zur Einmündung in die Mariahilfer Straße. Der Anschluss an den Ring erfolgte am 14. Dezember 1901. In der Bellariastraße gab es vom 14. Dezember 1901 bis 15. November 1922 eine Wendeanlage. Die Elektrifizierung startete am 18. Juli 1901 in der Wendeanlage in der Babenberger Straße. Die elektrifizierte Strecke führte durch die Mariahilfer Straße bis zum Bahnhof bei der Jheringgasse und wurde am 12. Dezember 1901 bis zum Anna-Strauss-Platz verlängert. Der Anschluss an die Ringlinien erfolgte am 12. Dezember 1901. In der äußeren Mariahilfer Straße lagen die Gleise am Straßenrand getrennt von der Fahrbahn. Da keine Oberleitung über der Straßenfahrbahn vorhanden war, verlangte man hier keine Unterleitung. Die Auflassung der Linie erfolgte im Zusammenhang mit der U3 vom Burgring bis zur Stiftgasse am 1. März 1992 und von der Siebensterngasse bis zum Neubaugürtel am 3. Juli 1993.

Ab 21. November 1891 gab es in der Burggasse von der Bellariastraße bis zur Kaiserstraße eine Pferdebahn, diese wurde am 25. September 1901 elektrifiziert und bis vor den Gürtel verlängert. Die Weiterführung durch Gablenzgasse, Neumayrgasse und Herbststraße bis Kreitnergasse wurde am 31. Dezember 1902 in Betrieb genommen. 1934 ließ man die Wendeanlage ab der Pa-

Am 20. September 1959 fährt ein Zug der Linie 52 mit Triebwagen 21 und Beiwagen stadtauswärts. Der Triebwagen ist einer von 30 für Wien gelieferten Kriegsstraßenbahnwagen, die 1944 gebaut und erst ab Ende 1945 eingesetzt wurden. Gut sichtbar ist die Architektur der Mariahilfer Straße, die aus einem Gemisch aus alten, sehr alten und neuen Häusern besteht. Dieses Stilgemisch wurde der Bevölkerung als Grund für den Bau der Unterleitung eingeredet.

Der Zug der Linie L mit den Wagen 2181 und 3481 passiert am 20. September 1959 bei der Mariahilfer Straße den Gürtel. Beachtenswert ist das Gebäude neben dem Zug, das es Polizisten ermöglichte, den Verkehr gut zu übersehen und die Ampelanlage zu bedienen. An vielen wichtigen Kreuzungen standen damals solche Bedienungshäuschen, mittlerweile sind sie alle abgetragen und die Verkehrsampeln automatisiert.

In der Burggasse fährt am 18. Juni 1961 der Zug der Linie 48 mit Triebwagen 4669 stadtauswärts. Neben dem Zug ist die 1730 erbaute Dreifaltigkeitssäule am St.-Ulrichs-Platz zu sehen.

nikengasse auf, da der Betrieb ab da über die Linie 9 geführt wurde. Die Strecke von Breite Gasse bis Habichergasse wurde am 30. November 1968 eingestellt.

Die Linie 49 nach Hütteldorf folgt ab der Stiftgasse der Siebensterngasse weiter und wurde am 10. Jänner 1902 bis zur Kaiserstraße und am 12. Jänner 1903 bis zum Gürtel in Betrieb genommen. Die NWT-Linie außerhalb des Gürtels begann auf Höhe der Seidengasse und führte weiter durch die Märzstraße. Die Märzstraße musste damals gewählt werden, da am Platz der heutigen Hütteldorfer Straße der Schmelzer Friedhof lag. Die Linie wurde am 26. Juli 1873 als Pferdebahn bis zur Matzingerstraße eröffnet und am 9. Juni 1874 mit der Gürtellinie verbunden. Am 28. Februar 1885 wurde die Pferdebahn durch die Dampftramway ersetzt. Diese verlängerte man am 4. Juli 1885 bis zur Linzer Straße und am 1. Mai 1892 bis Hütteldorf. Die Strecke vom Gürtel bis Reinlgasse wurde am 2. Juni 1903 elektrifiziert, jene bis Hütteldorf am 6. Oktober 1903. Am 17. November 1912 wurde in Hütteldorf die Schleife fertiggestellt.

Wenig Glück hatte die NWT mit einer Dampftramway in der Waidhausenstraße zum Baumgartner Friedhof. Die 790 Meter lange Strecke wurde gebaut, am 12. Mai 1885 geprüft, aber trotz Betriebsbewilligung nie in Betrieb genommen. Der Oberbau wurde 1891 abgetragen und in der Grinzinger Straße eingebaut.

Am 12. Jänner 1903 wurde in der Felberstraße eine Linie in Betrieb genommen und 1910 mit einer Schleife über die Fenzlgasse sowie 1924 mit einer Schleife am Neubaugürtel erweitert. Am 27. Februar 1945 endete der Linienbetrieb zwischen Schweglerstraße und Linzer Straße, anschließend wurde der Oberbau zwecks Gewinnung von Schienen abgebaut. Den restlichen Abschnitt benützte bis 9. Oktober 1989 die Linie 9.

Von der Mariahilfer Straße führte ab 31. Juli 1902 die Linie durch die Linzer Straße bis zur Hütteldorfer Straße. Die eingleisige Linie ist erst seit 1980 durchgehend zweigleisig ausgebaut. 1921 wurde die Linienführung auf der Strecke von Mariahilfer Straße über Schloßallee bis Linzer Straße geändert und der hinter dem Technischen Museum gelegene Streckenabschnitt in der Linzer Straße aufgelassen.

Bei der Eschenbachgasse zweigte ab 19. Oktober 1891 eine Pferdebahn durch die Gumpendorfer Straße bis zur Wallgasse vom Ring ab. Die Linie hatte sieben Schnürstellen, wovon eine noch bei der Einstellung vorhanden war. Die ersten elektrischen Abschnitte der Bezirkslinie wurden am 20. August 1900 von der Amerlingstraße bis zur Hofmühlgasse elektrifiziert, die südliche Transversallinie von der Brückengasse bis zur Wallgasse am 5. Oktober 1900. Der durchgehende elektrische Betrieb wurde am 25. Oktober 1900 gemeinsam mit einer Verlängerung bis zum Gumpendorfer Gürtel aufgenommen. Die weitere Strecke durch die Sechshauser Straße und der Linken Wienzeile ging am 24. Juni 1902 mit vier Schnürstellen in Betrieb. Die Einstellung erfolgte abschnittsweise vom Ring bis zur Elisabethstraße am 1. Juni 1992, bis zur Brückengasse am 14. Mai 1966, bis zum Sechshauser Gürtel am 17. Dezember 1968, bis zur Stiegergasse am 21. März 1970, bis zur Winckelmannstraße am 24. April 1973 und bis zur Hadikgasse im Juli 1965.

In der Gumpendorfer Straße hat der Zug der Linie 57 mit den Wagen 339 und 3774 den Apolloberg mit 52,4 ‰ Steigung am 26. März 1966 erklommen. Bei der im Bild sichtbaren Haltestelle gab es von 1905 bis 1964 eine Geschäftsausweiche. Hier konnten für das Apollotheater Garnituren bereitgestellt und von den Planzügen umfahren werden. Im Zweiten Weltkrieg wurde diese Ausweiche auch zum Abladen von Schotter für den Bau des Flakturmes verwendet.

Die Bezirkslinie benützte einen Teil der Strecke in der Gumpendorfer Straße mit. Gleich nach der Amerlingstraße fährt am 1. Juli 1961, also einen Tag vor Einstellung der Linie, der Zug der Linie 13 mit den Wagen 2004 und 3778. Den Bildhintergrund füllt der beim vorigen Bild genannte Flakturm.

Die Straßenbahnen nach Südwesten und Süden

Ausgangspunkt der südlichen Strecken der DTK (heute Linie 60) war der Bahnhof in Hietzing, der zwischen der Hietzinger Hauptstraße und der Dommayergasse lag und an dessen Platz heute das Bezirksamt steht. Die Strecke bis zum Bahnhof Perchtoldsdorf wurde am 27. Oktober 1883 eröffnet, und am 12. Mai 1887 ging die Strecke bis zur Endstelle in Mödling in Betrieb. Bereits am 22. Dezember 1886 wurde die Linie Richtung Stadt bis zur Schönbrunner Linie (heute etwa Margaretengürtel bis Schönbrunner Straße) verlängert. Die Strecke führte von der Schönbrunner Linie über den Gaudenzdorfer Gürtel und die Dunklergasse zum Wienfluss, dann auf der rechten Flussseite bis Hietzing, über den Bahnhof und durch die Dommayergasse bis zur Lainzer Straße. Danach weiter entlang der heutigen Linie 60 bis Rodaun und von dort teilweise auf einem eigenen Bahnkörper bis zur Wiener Straße in Mödling. Ursprünglich kreuzte die Straßenbahn am Ende der Lainzer Straße die Verbindungsbahn mit einer Schrankenanlage und gelangte über die Speisinger Straße weiter.

Von der Schönbrunner Linie bis Hietzing musste der Betrieb am 2. Jänner 1895 eingestellt werden, da die Trasse für die Stadtbahn (heute U4) benötigt wurde. Der elektrische Betrieb begann mit einem Paukenschlag. Für den Kinderfestzug anlässlich des 60-jährigen Regierungsjubiläums des Kaisers am 21. Mai 1908 wurde eine provisorische elektrische Umkehrmöglichkeit der Straßenbahnzüge von der Hadikgasse her über die DTK bis zum heutigen Anna-Strauss-Platz und mit Anschluss an die Linie zur Mariahilfer Straße hergestellt.

Die Elektrifizierung und der zweigleisige Ausbau der Bahn wurden am 16. Oktober 1908 bis zur Jagdschlossgasse und am 8. August 1912 bis zur Dreiständegasse abgeschlossen. Dabei wurde die Umfahrung der Schrankenanlage über Preyergasse, Hofwiesengasse und Feldkellergasse gebaut, die ab 15. Mai 1912 fertig war und auch noch von der Dampftramway benützt wurde.

Die Ortsdurchfahrt in Speising war ursprünglich so eng, dass hier erst 1953 nach Abbruch von Häusern das zweite Gleis gebaut werden konnte. Als Abhilfe entstand am 16. März 1924 eine eingleisige Umfahrung über die Gallgasse, die heute als Schleife verwendet wird. Am 27. Mai 1921 wurde auch der letzte Streckenabschnitt bis Mödling elektrifiziert, der zweigleisige Ausbau endete bei der Kerngasse.

Am 24. November 1963 eröffnet man in Rodaun eine neue Schleifenanlage und schloss den zweigleisigen Ausbau bis hierher ab. Die Strecke von Rodaun bis Mödling wurde am 1. Dezember 1967 stillgelegt.

Am Ende der Dommayergasse zweigte ab 19. September 1887 die eingleisige Dampftramway der DTK über die Hietzinger Hauptstraße bis zum Wolfrathplatz in Ober-St.-Veit ab. Die Linie wurde am 13. Oktober 1908 elektrifiziert und am Anna-Strauss-Platz mit der von der Mariahilfer Straße kommenden Linie verbunden. Bis 1915 kam es zum zweigleisigen Ausbau bis zur Verbindungsbahn und am 7. November 1965 zur Verlängerung in die Hummelstraße zur dortigen Schleife. Am 28. Juli 1958 endete der Betrieb von der Verbindungsbahn bis zum Wolfrathplatz.

Seit 7. Juni 1964 ist die Kennedybrücke die Ausgangsstelle der Linie 60 und Endstelle der Linie 10. Am 30. März 1968 besteht der Zug der Linie 60 aus den Wagen 2727, 5704 und 5724, jener der Linie 10 aus dem Wagen 4431. Seit 2. September 2017 fährt die Linie 10 weiter bis Unter-St.-Veit, und die Linie 60 hat ihre Ausgangsstelle beim Westbahnhof.

Am 21. Mai 1967 fährt der Zug der Linie 60 mit den Wagen 2724, 5723 und 5714 den Maurer Berg abwärts Richtung Rodaun. Die Wagen sind Stadtbahnwagen der ersten Generation, welche die Stadtbahn nicht benötigte und die dann auf der Straßenbahn eingesetzt wurden.

Am 16. April 1964 befährt der Zug der Linie 360 mit den Wagen 2431 und 3915 die Kreuzung mit der Bahn, die von Liesing nach Kaltenleutgeben fuhr. Links neben dem Zug ist das Anschlussgleis der Straßenbahn samt Verladekran zu sehen. Hier sind viele Straßenbahnwagen von den Vollbahnwagen abgeladen und auf die Straßenbahngleise eingegleist worden. Diese Anschlussbahn blieb nach der Einstellung der Linie 360 noch bis zum 1. September 1977 in Verwendung.

Kurz vor Perchtoldsdorf gab es diese scheinbar nur über Gras führende niedere Brücke. Tatsächlich führte sie über die 1. Wiener Hochquellenleitung und war erforderlich, da das Gewölbe der Leitung für die Belastung durch die Straßenbahn zu schwach war. Am 25. Juni 1967 befährt der Zug der Linie 360 mit den Wagen 2436 und 3913 diese Brücke Richtung Mödling.

Von der Operngasse führte ab 12. November 1887 ohne Anschluss an die Ringlinien die Pferdebahnlinie der NWT mit drei Schnürstellen durch die Linke Wienzeile, Kettenbrückengasse, Hamburgerstraße, Rechte Wienzeile, Sonnenhofgasse, Ramperstorffergasse und Arbeitergasse bis zum Gürtel.

Am 2. Februar 1902 nahmen die WVB eine elektrische Linie von der Operngasse über die Tegetthoffstraße bis zum Neuen Markt in Betrieb. Dazu musste die ursprüngliche Pferdebahn zu einer neuen Endstelle in der Maysedergasse vom 23. Jänner 1902 bis 12. Jänner 1903 verlängert werden. Die Pferdebahn wurde am 12. Jänner 1903 bis zur Eichenstraße elektrifiziert.

Ab 20. Dezember 1907 bestand bei der Schleifmühlgasse eine Verbindung zwischen Linker und Rechter Wienzeile. Wegen der Einwölbung des Wienflusses wurde im Oktober 1915 die Strecke in der Linken Wienzeile zwischen Schleifmühlgasse und Kettenbrückengasse provisorisch auf die Rechte Wienzeile verlegt. Die Rückverlegung erfolgte nie. Die Engstelle in der Sonnenhofgasse ließ sich nicht entfernen, daher wurde die Strecke von der Pilgramgasse über Rechte Wienzeile nach Sonnenhofgasse am 28. Juli 1905 aufgelassen und durch die Strecke von der Pilgramgasse über Schönbrunner Straße nach Ramperstorffergasse in einer Richtung und von Margaretenstraße nach Pilgramgasse in der anderen Richtung ersetzt. Die Einstellung der Linie erfolgte vom Neuen Markt bis in die Operngasse 1948 und auf der restlichen Strecke am 20. Juni 1960. Bei der Secession blieb ein kurzer Abschnitt als Betriebsgleis bis 14. September 1966 bestehen.

Im April 1955 verlässt Wagen 520 als Linie 63 die Endstelle Oper und beginnt seine Fahrt nach Schönbrunn. Im Bild die historische Baustelle zum Bau der Opernpassage, der ersten Fußgängerpassage in Wien.

In der Haltestelle Verkehrsbüro hält der Wagen 2100 als Zug der Linie 63, dahinter nähert sich ein Zug der Linie 61. Links neben dem Zug sieht man die Stände des Naschmarktes.

Auf der Rechten Wienzeile bei der Heumühlgasse fährt am 17. Juli 1958 ein Zug der Linie 61 mit Triebwagen 326 Richtung Oper. Neben dem Zug sieht man die Abzweigweiche der Linie 63 für die Fahrtrichtung Schönbrunn.

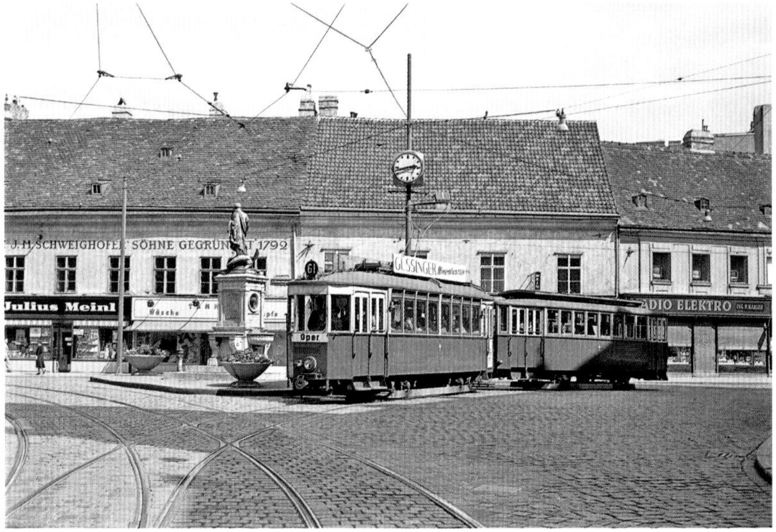

Am Margaretenplatz biegt am 16. Juni 1960 der Zug der Linie 61 mit Wagen 322 und 3536 in die Pilgramgasse ein. Nach links führen die Gleise der Bezirkslinie.

An dieser Stelle muss auch die heutige WLB beschrieben werden. Am 29. September 1886 wurde die Dampftramway von der Gaudenzdorfer Linie bis Wiener Neudorf in Betrieb genommen. Der Endbahnhof lag unmittelbar neben jenem der DTK, einzig eine Schienenlänge trennte die beiden Bahnhöfe. Die zweigleisige Linie führte dann entlang des Gürtels weiter durch die Steinbauergasse und Aßmayergasse bis zum Anschluss an die bestehende Linie in der Eichenstraße. Ab April 1889 durften ab dem Gürtel auch Überstellfahrten mit der Pferdebahn gemacht werden. Am 15. Jänner 1893 wurde der Pferdebahnbetrieb aufgenommen.

Am 1. Mai 1893 wurde der Dampfbetrieb auf der Gaudenzdorfer Linie bis zur Eichenstraße aufgelassen und der Streckenabschnitt am Gürtel abgetragen. Die Strecke wurde am 12. Jänner 1903 elektrifiziert und am 20. Juni 1960 aufgelassen. Als Ersatz für die Gaudenzdorfer Linie verlängerte man die Strecke in der Eichenstraße, baute bei der Wolfganggasse einen neuen Bahnhof und endete beim Matzleinsdorfer Platz. Die Inbetriebnahme als Dampftramway erfolgte am 1. Mai 1893 mit Elektrifizierung am 1. Mai 1907.

Die ab der Eichenstraße weiterführende Dampfstraßenbahn ist die heutige Lokalbahn nach Baden. Diese zweigte von der Eichenstraße ab, übersetzte die Südbahn, führte neben der Pottendorfer Bahn weiter und querte die Donauländebahn niveaugleich bei einer Schrankenanlage. Den Ort Inzersdorf durchfuhr die Bahn in der Triester Straße. Am 11. Jänner 1902 wurde das zweite Streckengleis fertiggestellt, die Kreuzung mit der Donauuferbahn durch eine Unterführung ersetzt und in Inzersdorf die Bahn auf die heutige Streckenführung umgelegt. In Meidling gab bis zum 28. Juli 1978 eine eigene Brücke über die Südbahn, seither fährt die Lokalbahn gemeinsam mit der Straßenbahn über die Philadelphiabrücke. Im Zusammenhang mit dem Bau der U-Strab am Gürtel wurde die Linie in der Eichenstraße

Vor dem Betriebsbahnhof Wolfganggasse wurde in der Eichenstraße bis 10. Dezember 1968 auch rangiert. Die Züge bis zur Oper durften mit maximal zwei Beiwagen geführt werden. Alle weiteren Wagen für die Außenstrecke wurden dann hier angehängt oder abgekuppelt. Dafür verwendete man die Elektrolokomotive 1001, die den Spitznamen Bügeleisen hatte. Am 1. Juli 1955 werden die Wagen 270, 122 und 310 an einen Triebwagen angehängt.

vom Bahnhof Wolfganggasse bis zum Gürtel aufgelassen und am 10. Dezember 1968 durch eine Verbindung über die Siebertgasse ersetzt. Im Zusammenhang mit dem Bau einer neuen Betriebszentrale in Inzersdorf stehen die letzten Änderungen: die Auflassung der Strecke von Aßmayergasse über Bahnhof Wolfganggasse bis Siebertgasse am 1. April 2018 und die Umlegung des Betriebes auf die Route von Aßmayergasse über Flurschützstraße bis Gürtel.

Bei Bauarbeiten konnten Kletterweichen eingesetzt werden: Man legte Schienen und Weichen auf das Pflaster und stellte so ein Provisorium her. Am 19. Juni 1975 wurde die Linie 62 durch die Sperre der Philadelphiabrücke unterbrochen. Mit Kletterweichen wurde eine provisorische Wendemöglichkeit geschaffen und der Betrieb der Linie ab der Breitenfurter Straße wieder aufgenommen. Am 4. Juli 1975 konnte Wagen 4050 bereits beim Wenden fotografiert werden.

Bis zum 11. Mai 1965 kreuzte die Straßenbahn die Donauländebahn mit einer Schrankenanlage, erst danach wurde die heutige Unterführung in Betrieb genommen. Am 12. August 1955 befährt ein Zug der Linie 62 Richtung Stadt mit Triebwagen 4048 und zwei Beiwagen diese Eisenbahnkreuzung.

Die NWT baute eine eingleisige Verbindungslinie von der Steinbauergasse durch die Niederhofstraße zur Meidlinger Hauptstraße. Am 11. Dezember 1887 wurde der Pferdebetrieb, am 12. Jänner 1903 der elektrische Betrieb aufgenommen und 1936 die Linie aufgelassen.

Die Linie nach Lainz zweigt bei der Flurschützstraße vom Gürtel ab und wurde am 22. Dezember 1915 bis zur Aßmayergasse in Betrieb genommen. Am 3. November 1927 verlegte man ein Gleis in die Wilhelmstraße. Bereits am 30. April 1904 wurde der Abschnitt von der Eichenstraße bis Kerngasse in Betrieb genommen. Der Weiterbau verzögerte sich: Der Abschnitt von der Hetzendorfer Straße über die Kerngasse bis zur Speisinger Straße wurde erst 1915 fertig. Die weiteren Inbetriebnahmen: Am 22. Dezember 1915: Kernstraße bis Hofwiesengasse; am 3. März 1913: Speisinger Straße bis Eugen-Jettel-Weg und 5. Dezember 1940: Schleife nach dem Eugen-Jettel-Weg. Probleme brachte die Philadelphiabrücke. Bis zur Fertigstellung der Brücke musste die Straßenbahn vom 30. April 1904 bis 11. Oktober 1910 die Brücke der WLB benützen. Bauschäden führten am 19. Juni 1975 ohne Vorankündigung zur Sperre für den gesamten Verkehr. Daher wurde ab 23. August 1975 bis zur Fertigstellung der neuen Brücke am 19. Juli 1978 die Linie 62 wieder über die Brücke der WLB über die Südbahn geführt.

Nur wenige Jahre war die Straßenbahn von Meidling nach Siebenhirten in Betrieb. Die Linie benützte ab Meidling die Strecke der WLB mit und wurde am 27. September 1979 von der Abzweigung Tscherttegasse bis zur Rößlergasse und am 27. September 1980 bis Siebenhirten eröffnet. Am 7. April 1995 wurde sie aufgelassen und zur U6 umgebaut.

Die Pferdebahn nach Schönbrunn zweigte bei der Kärntner Straße vom Ring ab und nahm am 17. Juni 1877 den Betrieb von der Kärntner Straße über Rechte Wienzeile bis Preßgasse auf. Am 6. Juli 1877 wurde ein Gleis über die Margaretenstraße bis zum Margaretenplatz und am 12. Juli 1877 das andere Gleis über die Mühlgasse, Heumühlgasse, Schönbrunner Straße bis vor die Pilgramgasse verlängert. Die Verlängerungen wurden in beiden Richtungen befahren. Am 5. Oktober 1877 wurden beide Gleise über Margaretenstraße, Am Hundsturm und Schönbrunner Straße verbunden. Erst am 28. Juni 1885 stellt man die Linie über Schönbrunner Straße, Grünbergstraße, Winckelmannstraße und Weiglgasse Betriebsbahnhof fertig und verlängerte sie am 26. Jänner 1899 in der Winckelmannstraße bis zur Mariahilfer Straße.

Die teilweise in getrennten Gassen verlaufende Linie hatte bis 1899 fünf Schnürstellen. Im Oktober 1901 ersetzte das Gleis von Rechte Wienzeile bis Heumühlgasse jenes durch die Mühlgasse. Die Linie bis zur Margaretenstraße musste so geführt werden, da die Operngasse erst nach Abbruch des Freihauses 1930 geschaffen wurde.

Elektrifiziert wurden am 5. Oktober 1899 die Abschnitte der südlichen Transversallinie von Nevillegasse und Schönbrunner Straße bis Reinprechtsdorfer Straße und am 22. Oktober 1901 jener der Bezirkslinie von Margaretenplatz bis Ziegelofengasse. Vom Ring bis zum Ende der Grünbergstraße wurde der elektrische Betrieb am 29. Jänner 1902 aufgenommen. Die Winckelmannstraße wurde schon früher, und zwar am 18. Juli 1901, elektrifiziert.

Die Einstellung der Linie erfolgte am 23. Februar 1959, einige kurze Abschnitte blieben bis 1974 in Betrieb. Die Strecke von

Die Linie 63 befuhr bis zu ihrer Einstellung am 23. Februar 1959 die Schönbrunner Straße. Danach wurde die Fahrleitung abgetragen, die Gleise entfernte man bei Straßenbauten. Die Teilstrecke von der Nevillegasse bis zum Gürtel wurde als Baustellenumleitung für den Matzleinsdorfer Platz wiederverwendet. Im Bild sieht man den Zug der Linie 18 mit den Wagen 57, 1430 und 1415 am 27. März 1966 bei der im Jahr 1756 erbauten Johannes-von-Nepomuk-Kapelle, der ehemaligen Linienkapelle an der Schönbrunner Strecke.

Nevillegasse bis Gürtel wurde aufgrund von Baustellen am Matzleinsdorfer Platz als Umleitungsstrecke vom 12. August 1964 bis 11. Jänner 1969 reaktiviert.

Die heute bei der Kärntner Straße vom Ring abzweigende Linie nach Inzersdorf musste man 1873 anders bauen, da zuerst die Häuser von der Wiedner Hauptstraße 9 bis zur Favoritenstraße 5 abgetragen werden mussten. Daher wurde am 30. Mai 1873 die Pferdebahn vom Schwarzenbergplatz über die Lothringerstraße, Karlsgasse und Favoritenstraße bis zur Mayerhofgasse und am 31. Oktober 1873 die Verlängerung in der Wiedner Hauptstraße bis Spengergasse in Betrieb genommen. Bis zur Reinprechtsdorfer Straße gab es ab 11. Juni 1891 Betriebsfahrten und ab 20. April 1895 den Linienbetrieb. Nach Abbruch der Häuser konnte am 4. November 1877 von der Rechten Wienzeile bis zur Mayerhofgasse das Gleis für die Richtung aus der Stadt und am 22. Juni 1880 die Gegenrichtung in Betrieb genommen und die Strecke über die Karlsgasse und in der Mayerhofgasse aufgelassen werden.

Am 25. Oktober 1900 wurde die Strecke vom Ring bis zur Paulanergasse und am 25. Februar 1901 bis zur Reinprechtsdorfer Straße elektrifiziert. Außerhalb des Gürtels zweigte die Linie von der Gudrunstraße ab und führte in der Triester Straße ab 27. November 1902 bis zur Endstelle in der Troststraße und ab 1. März 1924 bis zur Endstelle in Inzersdorf vor der Donauländebahn weiter. Die Linie in der Triester Straße bis zur Troststraße wird bis 1924 zweigleisig ausgebaut.

Durch das Rechtsfahren entstand bei der Endstelle in Inzersdorf eine Gefährdung der wartenden Reisenden. Daher musste die Endstelle umgebaut werden, was zur Inbetriebnahme einer Schleife am 28. Oktober 1939 führte.

Bei der Oper gab es vom 18. Oktober 1904 bis 6. Oktober 1928 eine Schleife von der Kärntner Straße über Philharmonikerstraße bis Tegetthoffstraße.

Am 1. Mai 1907 erhielt die WLB eine Wendeanlage in der Bösendorferstraße und ab 4. September 1913 gab es eine Schleife über die Akademiestraße und Seitenfahrbahn Ringstraße mit Anschluss in der Bösendorferstraße.

Zur Entlastung des Matzleinsdorfer Platzes von abbiegenden Straßenbahnen bestand in der Kliebergasse vom 27. Oktober 1939 bis 13. September 1964 eine Verbindung zum Gürtel.

Die nächste Änderung war die Auflassung der Endstelle in der Troststraße mit Ersatz durch die zweigleisige Verlängerung der Linie in der Triester Straße und Raxstraße bis zur Schleife am Stefan-Fadinger-Platz sowie der Auflassung der Strecke nach Inzersdorf am 24. November 1962. Danach folgten der Bau der U-Strab und die Verlegung der Strecke auf die heutige Route.

Am 1. September 1967 wurde über eine provisorische Verbindung von der Triester Straße zur Quellenstraße die Linie Knöllgasse, Windtenstraße bis Stefan-Fadinger-Platz in Betrieb genommen. Ab 11. Jänner 1969 waren die U-Strab ab Johann-Strauß-Gasse bis zur Quellenstraße und der Anschluss an die Knöllgasse fertig.

Die Linie 64 nach Siebenhirten benützte von Meidling bis zur Tscherttegasse die Strecke der WLB mit. Am 24. April 1994 verlässt der Zug der Linie 64 mit den Wagen 4048 und 1448 die Abzweigweichen auf der Fahrt nach Siebenhirten. Hinter dem Zug sieht man bereits die Gleise der heutigen U6.

In der Wiedner Hauptstraße wird am 22. März 1967 der Zug der Linie 62 mit Wagen 506, 1810 und 1751 in Kürze den Karlsplatz erreichen.

So sah die Wiedner Hauptstraße vor dem Bau der U-Strab aus. Am 13. April 1963 fährt der Zug der Linie 62 mit den Wagen 503, 1712 und 1702 Richtung Matzleinsdorfer Platz. Etwa auf der Höhe der 1756 fertiggestellten Thekla-Kirche befindet sich heute die Zufahrt zum Tunnel der U-Strab.

Die 1725 geweihte Rauchfangkehrerkirche stand in der Mitte der Wiedner Hauptstraße. Man hätte sie auch mit der U-Strab unterfahren können, doch leider zog man 1965 den Abbruch vor. Der Zug der Linie 65 mit den Wagen 2322 und 1057 hat am 13. April 1963 die Kirche bereits umfahren und befährt im Bild die Abzweigweiche zur Kliebergasse.

Am 16. April 1967 fährt ein Zug der Linie 65, bestehend aus den Wagen 2626 und 1055, auf der Triester Straße, auf der die Umbauarbeiten bereits begonnen haben. Zur raschen Modernisierung des Fahrparks wurden ab 1954 neue Großraumbeiwagen gebaut, die mit den alten Triebwagen verwendet werden konnten.

Richtung Favoriten

Die Linie nach Oberlaa führte als Pferdebahn von der Mayerhofgasse in die Favoritenstraße, ab 30. Mai 1873 weiter bis zum Keplerplatz und ab 20. Oktober 1889 bis zur Inzersdorfer Straße. Der erste elektrische Abschnitt wurde am 28. Dezember 1899 vom Südtiroler Platz bis Keplerplatz eröffnet, danach folgte am 25. Oktober 1900 die Strecke von der Wiedner Hauptstraße bis zur Inzersdorfer Straße. Am 11. Juli 1902 wurde die Linie bis zur Schleiergasse verlängert, am 9. März 1908 bis zur Lehmgasse und am 17. Dezember 1914 bis zum Ende der Favoritenstraße in Rothneusiedl. Diese Verlängerung erfolgte kriegsbedingt für den Transport der in der dortigen Chemischen Fabrik beschäftigten Arbeiter.

Bis 1960 wurde die Linie ab der Inzersdorfer Straße zweigleisig ausgebaut, seit 13. Oktober 1959 gibt es bei der Endstelle in Rothneusiedl eine Schleife. Am 20. Dezember 1972 ging die Verlängerung neben der Donauländebahn bis zur Alma-Rosé-Gasse in Betrieb und am 18. Februar 1974 bis Oberlaa.

Die weiteren Änderungen und Auflassungen sind durch den Bau der U1 bedingt. Am 1. April 1971 erfolgte die Verlegung der Linie bis zum Südtiroler Platz von der Favoritenstraße in die Graf-Starhemberg-Gasse, am 25. Februar 1978 wurde die Strecke aufgelassen. Am 14. Mai 1971 erfolgte die Umlegung von der Favoritenstraße in die Laxenburgerstraße (und zwar vom Columbusplatz bis zur Quellenstraße), und am 14. Dezember 2002 vom Südtiroler Platz bis Columbusplatz in die Laxenburger Straße und die Auflassung in der Favoritenstraße. Von der Alaudagasse nach Oberlaa endete der Betrieb am 1. März 2014, von Buchengasse bis zur Alaudagasse am 2. September 2017.

Am 14. Februar 1902 wurde die Linie nach Inzersdorf vom Südtiroler Platz durch die Laxenburger Straße bis zur Gudrunstraße eröffnet. Der Abschnitt bis zur Troststraße ist älter und wurde als Abzweigung von der Transversallinie bereits am 26. November 1901 in Betrieb genommen. Die Fortsetzung über die Troststraße und Neilreichgasse bis Raxstraße mit einer Schleife steht seit 4. September 1954, jene von der Neilreichgasse bis zum Frödenplatz seit 16. November 1980, und jene weiter durch die Otto-Probst-Straße bis zum Otto-Probst-Platz seit 16. Dezember 1989. Der Bau einer Verbindung in der Neilreichgasse bis zur Quellenstraße ist bis 2020 vorgesehen.

Am Schwarzenbergplatz beginnt eine Linie (heute D) durch die Prinz-Eugen-Straße bis zum Hauptbahnhof. Die Prinz-Eugen-Straße wurde erst um 1900 gebaut, sodass die Pferdestraßenbahn zum Südbahnhof den längeren Weg über die Favoritenstraße nehmen musste. Aus diesem Grund konnte die kürzere Linie zum Südbahnhof erst am 4. März 1901 bis zum Gürtel und am 6. Oktober 1914 bis zu einer Schleife am Ghegaplatz vor den Südbahnhof verlängert werden. Am 22. Dezember 1956 nahm man im Zuge des Neubaus des Südbahnhofes die Schleife im Schweizergarten in Betrieb, und am 9. Dezember 2012 wurde die Linie bis zur Alfred-Adler-Straße verlängert. Die nächste Verlängerung ist bereits in Bau und soll im Herbst 2019 bis zur Gudrunstraße fertiggestellt werden.

Am 26. April 1958 fährt ein Zug der Linie 66 mit Triebwagen 2610 die Favoritenstraße bergwärts. Im Hintergrund das Theresianum.

Wegen der U-Bahnbauarbeiten wurde die Strecke von der Favoritenstraße in die Graf-Starhemberg-Gasse verlegt. Am 29. Dezember 1977 fährt der Zug der Linie 167 mit den Wagen 4467 und 1238 am damals noch existierenden Gebäude der Klavierfabrik Bösendorfer vorbei.

Der Zug der Linie 167 mit den Wagen 4045 und 3961 fährt am 29. Mai 1958 auf der noch eingleisigen Strecke durch die Favoritenstraße kurz vor der Endstelle Rothneusiedl.

Der Zug der Linie 71 mit den Wagen 135 und 1532 hat am 11. Oktober 1969 die Endstelle in der Schellinggasse verlassen und fährt nun durch die Schwarzenbergstraße Richtung Zentralfriedhof.

Die Straßenbahnen in Richtung Südosten

Am Schwarzenbergplatz zweigt die Linie nach Schwechat vom Ring ab. Am 30. Mai 1873 wurde der Pferdestraßenbahnbetrieb vom Schwarzenbergplatz bis zur Lothringerstraße aufgenommen, am 21. Juli 1873 bis zur Grasbergergasse (St.-Marxer-Linie), am 14. Juni 1874 bis zur Molitorgasse (Betriebsbahnhof), am 18. Juli 1874 bis zur Krausegasse, am 9. August 1874 bis zur Fickeysstraße (heutiger Betriebsbahnhof) und am 1. November 1874 bis zum 2. Tor des Zentralfriedhofs verlängert.

Am 4. März 1901 erfolgte die Elektrifizierung ab einer provisorischen Endstelle vor dem Ring bis zur Prinz-Eugen-Straße, am 3. Juli 1901 von der Landstraßer Hauptstraße bis zur Fickeysstraße, am 16. Oktober 1901 von der Prinz-Eugen-Straße bis zur Landstraßer Hauptstraße und von der Fickeysstraße bis zum 2. Tor des Zentralfriedhofs. Am 19. Oktober 1902 wurde die Strecke beim Zentralfriedhof vom 2. Tor bis zum 3. Tor verlängert, am 8. Dezember 1903 bis Friedhofstraße in Schwechat. Am 14. Dezember 1902 erfolgte die Verlängerung von der provisorischen Endstelle am Schwarzenbergplatz über die Schwarzenbergstraße und Walfischgasse bis vor die Kärntner Straße, am 18. Oktober 1904 wurde die Linie mit der Schleife um die Oper verbunden.

Der Schulungszug, bestehend aus den Wagen 563 und 1833, biegt am 26. September 1966 vom Schwarzenbergplatz in die Lothringerstraße ein. Diese Gleisverbindung gibt es heute noch, sie wurde am 23. Dezember 1913 in Betrieb genommen und war das letzte Gleisstück, das mit Unterleitung gebaut wurde. In der damals mit Bäumen bewachsenen Baulücke hinter dem Zug stand bis April 1945 die Direktion Wien der Eisenbahn. Das Gebäude wurde zu Kriegsende von den dort Beschäftigten absichtlich angezündet und niedergebrannt. Hier steht seit den 1980er-Jahren ein Neubau, der auf der Seite des Schwarzenbergplatzes einen Nachbau der alten Fassade erhielt.

Die Tage um Allerheiligen (1. November) waren früher wegen der Friedhofsbesuche jene mit stärkstem Verkehrsaufkommen, viele Linien fuhren zum Zentralfriedhof. Von der Ostbahn aus entstand am 1. November 1958 dieses Bild, das den Umfang des Friedhofsverkehrs gut zeigt. Vorn der Wagen 2383 der Linie 42.

Für die Rückfahrt der Friedhofsbesucher wurden Züge bereitgestellt und bei Bedarf auf die Strecke geschickt. Zum Aufstellen dieser Züge wurde so wie hier am 1. November 1955 auch die Strecke nach Schwechat verwendet.

An der Endstelle der Straßenbahn in Schwechat wartet der Zug der Linie 72 mit dem Wagen 2178 und Mitteleinstiegbeiwagen auf die Abfahrt nach Wien.

Auf der Linie nach Kaiserebersdorf ist am 3. Mai 1959 der Wagen 2172 als Linie 73 unterwegs.

Ab 10. September 1940 ersetzte die Schleife von der Hegelgasse über die Fichtegasse bis Schellinggasse die Strecke in der Walfischgasse und ab 16. Oktober 1969 die Schleife in der Pestalozzigasse jene in der Schellinggasse. Die Linie vom 3. Tor des Zentralfriedhofs nach Schwechat wurde am 17. Juni 1961 eingestellt und das Gleis ab der Csokorgasse abgetragen. Ab 13. November 1969 erfolgte der Abtrag ab der heutigen Zentralwerkstätte, die am 29. Mai 1974 den Betrieb aufnahm und das restliche Gleis als Zufahrt verwendet.

Vom Simmeringer Platz führte eine eingleisige Linie in der Kaiser-Ebersdorfer-Straße bis zum Münnichplatz. Der Betrieb wurde am 31. Dezember 1912 bis nach Halterlacken eröffnet, die Eröffnung der restlichen Strecke erfolgte erst nach dem Neubau der Adlerbrücke am 13. August 1913. Der Bau des neuen Sammelkanals in der Kaiser-Ebersdorfer Straße hätte den Abtrag und Neubau der Gleise erfordert, daher beschloss man, dem Kanalbau folgend, die Linie zwischen 11. Mai 1959 und 4. April 1961 stillzulegen.

Seit 31. Mai 1996 gibt es eine Straßenbahnlinie über die Pantucekgasse, Lichnovskygasse und Etrichstraße bis zur Zinnergasse nach Kaiserebersdorf.

Vor dem Südbahnhof gab es bis 1956 umfangreiche Gleisanlagen zum Wenden mehrerer Linien. Beachtenswert das eiserne Haltestellengebäude, das hier neben dem Zug der Linie O mit den Triebwagen 2571 und zwei Beiwagen am 29. März 1954 zu sehen ist.

Die Straßenbahnen Richtung Osten

Die Linie von der Landstraßer Hauptstraße zum Südtiroler Platz wurde am 23. Dezember 1890 als Pferdebahn von der Landstraßer Hauptstraße bis zur Fasangasse in Betrieb genommen, am 11. Juni 1891 bis zum Südbahnhof verlängert und am 30. Mai 1873 zum Südtiroler Platz verbunden. Dabei ist zu beachten, dass es hier damals keine Straße gab. Der Abschnitt von der Fasangasse bis zum Südbahnhof wurde am Platz des heutigen Schweizergartens gebaut, jener zwischen Südbahnhof und Südtiroler Platz neben den Verladeanlagen der Südbahn. Die Strecke wurde am 23. August 1900 bis zum Südbahnhof und am 28. Dezember 1899 bis zum Südtiroler Platz elektrifiziert und am 14. August 1903 auf den endgültigen Gürtel verlegt. 1907 und 1958 kam es vor dem Südbahnhof zu größeren Gleisänderungen.

Beim Dr.-Karl-Lueger-Platz zweigte ab 24. August 1874 die Pferdebahn durch die Weiskirchnerstraße und Landstraßer Hauptstraße bis zum Rochusplatz ab, am 18. September 1874 erfolgte die Verlängerung bis zur Apostelgasse, ab 8. November 1874 bis Rennweg. Am 22. Oktober 1900 wurde bei der Weiskirchnerstraße eine Wendeanlage gebaut und die Linie von dort bis zur Invalidenstraße elektrifiziert. Am 3. Juli 1901 erfolgte die Elektrifizierung bis zum Rennweg und am 14. Dezember 1901 der Anschluss an die Ringlinien.

Die Wendeanlage in der Weiskirchnerstraße musste wegen des Rechtsfahrens am 18. September 1938 aufgelassen werden. Die Züge wendeten dann am Otto-Kokoschka-Platz. Zum Verladen des Schotters für den Bau der Flaktürme im Arenbergpark wurde am 9. März 1943 eine Schleife von der Grasbergergasse bis Leberstraße als Anschlussbahn hergestellt, im April 1945 zerstört, wiedererrichtet und als Schleife für den Linienbetrieb am 15. Oktober 1953 erneut in Betrieb genommen. Die Linie wurde durch die U3 ersetzt und am 3. Jänner 1984 mit Ausnahme der Schleife aufgelassen.

Beim Rochusplatz zweigte ab 10. Juli 1889 eine eingleisige Pferdebahn von der Landstraßer Hauptstraße durch die Kundmanngasse und Erdbergstraße bis zur Wällischgasse ab. Sie wurde anlässlich der Elektrifizierung zweigleisig ausgebaut und hatte fünf Schnürstellen (die bis 1973 entfernt werden konnten). Am 3. Juli 1901 wurde der elektrische Betrieb aufgenommen, am 19. November 1902 wurde die Linie bis zur Schlachthausgasse verlängert. Der Bau der U3 führte am 3. Jänner 1984 zur Einstellung der Linie. Im Bereich Schlachthausgasse bis Fruethstraße bestand zwischen 3. Juli 1901 und 1. Jänner 1990 der Betriebsbahnhof Erdberg, der seit 13. Juli 1992 (Teilinbetriebnahme am 31. Mai 1986) als Verkehrsmuseum dient.

Beim Otto-Kokoschka-Platz zweigte eine Linie durch die Marxergasse bis zur Rasumofskygasse ab. Die Linie hatte eine Schnürstelle, und diente als Entlastungsstrecke zur Marxergasse und bestand von 21. September 1902 bis zum 4. April 1945, einzig das Streckenstück bis zur Marxerbrücke wurde bis 2. November 1957 als Wendeanlage weiter benützt.

Die Linie vom Julius-Raab-Platz bis zur Prater Hauptallee begann als Pferdestraßenbahn zum Gelände der Wiener Weltausstellung. Am 4. März 1873 wurde der Betrieb bis zur Kundmanngasse und am 1. Mai 1873 über die Rustenschacherallee bis zur

Triebwagen 2101 am 3. Mai 1966 auf der Linie 80 kurz nach der Stadionbrücke. Dieser Triebwagen wurde 1909 für die Stadtrundfahrten in Wien mit luxuriöser Inneneinrichtung gebaut. Nach Aufgabe dieser Fahrten wurde er für den Normalverkehr umgebaut und weiterverwendet. Das Gebäude im Hintergrund ist das Atominstitut der Österreichischen Universitäten und beinhaltet den einzigen Atomreaktor Wiens.

Die Linie zum Lusthaus führte auch durch die Praterauen, so wie hier bei der Ostbahnbrücke. Am 3. Mai 1969 ist der Zug der Linie 80 mit den Wagen 2401 und 5400 unterwegs.

Hauptallee aufgenommen. Die Linie wurde kaum benützt und daher am 31. Mai 1873 ab der Rasumofskygasse wieder aufgelassen.

Für die Kaiser-Jubiläums-Ausstellung 1898 wurde die Strecke bis zur heutigen Endstelle verlängert und am 25. Juni 1898 elektrifiziert in Betrieb genommen. Dazu wurde bei der Böcklinstraße ein provisorischer Betriebsbahnhof für 15 Wagen gebaut und am 15. September 1899 wieder aufgelassen. Die Strecke steht heute noch in Betrieb. Die Sprengung der Rotundenbrücke verursachte eine Betriebsunterbrechung vom 6. April 1945 bis 30. April 1946.

Am 26. Jänner 1902 wurde die Strecke vom Radetzkyplatz bis zum Praterstern in Betrieb genommen. Am 21. Jänner 1907 wurde sie mit den übrigen Linien am Praterstern verbunden. Die Sprengung der Franzensbrücke führte vom 6. April 1945 bis 13. September 1948 zur Unterbrechung des Betriebes.

In der Wittelsbachstraße zweigte die Linie zum Lusthaus ab. Sie führte durch die Schüttelstraße, dann weiter auf eigenem Bahnkörper entlang der heutigen Ostbahn bis zum Kanalwächterweg und durch freies Gelände zur Endstelle beim Lusthaus. Etwa bei der Gärtnerstraße gab es eine Abzweigung zur zweiten Endstelle beim Rennplatz Freudenau. Am 12. Jänner 1904 erfolgte die Inbetriebnahme des Streckenabschnitts von der Wittelsbachstraße bis zur Friedensgasse, am 24. Jänner 1904 jener bis zur Stadionallee und am 2. September 1909 die Fortsetzung bis zum Lusthaus. Die Abzweigung zum Rennplatz wurde nur an Renntagen betrieben, erstmals am 8. September 1909. Für den Verkehr an Renntagen gab es hier insgesamt acht Gleise zum Abstellen von Garnituren. Am 4. Juni 1911, einem Derby-Tag, wurden mit 188 Zugfahrten etwa 43.000 Fahrgäste befördert. Der Ausbau der Autobahn hatte am 17. August 1969 die Einstellung beider Linien zur Folge.

Eine besondere Linie war die Stadtstrecke der Preßburger Bahn. Es handelte sich um die einzige Linie mit Vollbahnradreifenprofil. Sie hatte daher keine Verbindung zum übrigen Straßenbahnnetz. Die Strecke hatte ihren Ausgangspunkt bei der Schleife in der Gigergasse und führte über Vordere Zollamtsstraße und Dampfschiffstraße, dann auf eigenem Bahnkörper neben dem Donaukanal und ab dem E-Werk Simmering quer durch die Simmeringer Haide und Dreherstraße zum heutigen Bahnhof Schwechat. Der Betrieb für die lokbespannten Fernzüge wurde am 5. Februar 1914, der für den Lokalverkehr mit Straßenbahnzügen am 13. April 1914 aufgenommen. Letzter Betriebstag war der 4. April 1945. Durch die Sprengung der Donaukanalbrücken wurde die Strecke beschädigt. Sie wurde nicht nicht mehr repariert und 1953 abgetragen.

Stadtbahn und U-Bahn

Die als Vollbahn gebaute Stadtbahn nahm zwischen 1898 und 1901 ihren Betrieb auf. Ab 1. Juli 1914 kam es aufgrund des Ersten Weltkrieges zu ersten Betriebseinschränkungen, ab 8. Dezember 1918 zur Betriebseinstellung.

Nach 1922 bemühte sich die Gemeinde Wien um die Übernahme der Wiental-, Donaukanal- und Gürtellinie. Sie beabsichtigte, diese Strecken auf Straßenbahnbetrieb rückzubauen und zu elektrifizieren. Am 21. Dezember 1923 trat das Gesetz zur Übernahme dieser Strecken in Kraft, am 8. Oktober 1924 war die Übernahme abgeschlossen.

Am 20. Februar 1924 erprobten die WVB den zukünftigen Betrieb von Straßenbahnwagen auf den Stadtbahnstrecken mit einem Zug, bestehend aus einer Stadtbahnlokomotive und mehreren Straßenbahnwagen, der die künftigen elektrischen Strecken abfuhr. Der Umbau begann am 12. September 1924. Gebaut wurden die Oberleitung, neue Sicherungsanlagen sowie Betriebsbahnhöfe in Hütteldorf, Michelbeuern und Heiligenstadt, des Weiteren eine neue Wendeanlage in Hietzing. Der Oberbau blieb bestehen, in den Haltestellen wurden die Gleise näher zu den Bahnsteigen gerückt.

Am 9. April 1925 kam es zur ersten elektrischen Probefahrt zwischen Michelbeuern und Meidling Hauptstraße, danach folgten der Schulungs- und Probetrieb. Die feierliche Eröffnung der ersten Teilstrecke von Hütteldorf bis Alser Straße fand am 3. Juni 1925 statt, einen Tag später startete der planmäßige Betrieb. Am 22. Juli 1925 folgte der Abschnitt von Alser Straße bis Heiligenstadt, am 7. September 1925 die Strecke von Meidling Hauptstraße bis Landstraße. Mit der Eröffnung der Abschnitte Landstraße bis Heiligenstadt und Abzweigung Nußdorfer Straße bis Friedensbrücke am 20. Oktober 1925 war die elektrische Stadtbahn fertiggestellt.

Am 12. März 1945 kam es aufgrund der Zerstörung des Bahnhofes Heiligenstadt zur Betriebseinstellung der Abschnitte Friedensbrücke bis Heiligenstadt und Abzweigung Nußdorfer Straße bis Heiligenstadt. Hier konnte der Betrieb nach der Streckensanierung erst am 18. September 1954 wiederaufgenommen werden.

Zur Lösung der Verkehrsprobleme in Wien begann man mit der Planung einer U-Bahn. Am 26. Jänner 1968 beschloss der Gemeinderat den Bau der U-Bahnen U1 und U2 und den Umbau der Wiental- und Donaukanallinie der Stadtbahn zur U4. Der Beginn der Bauarbeiten der Probestrecke zwischen Friedensbrücke und Heiligenstadt fand am 10. Juli 1969 (Umstellung der Stadtbahn) statt. Die Probefahrten starteten am 24. Februar 1972, der Planbetrieb am 8. Mai 1976 um 10 Uhr. In weiterer Folge wurden die Wiental- und Donaukanallinie der Stadtbahn zur U-Bahn umgebaut, der Stadtbahnbetrieb wurde von der Friedensbrücke beginnend abschnittsweise aufgelassen und der U-Bahn Betrieb aufgenommen. Die U4 ging am 3. April 1978 von Friedensbrücke bis Schottenring, ab 15. August 1978 bis Karlsplatz, ab 26. Oktober 1980 bis Meidling Hauptstraße, ab 31. August 1981 bis Hietzing und am 20. Dezember 1981 bis Hütteldorf in Betrieb.

Komplett neu wurde die U1 gebaut. Die Donauquerung stellte große Anforderungen an die Planer, da einerseits die Architektur der Reichsbrücke (Kettenbrücke) nicht negativ beeinflusst werden durfte und andererseits eine unterirdische Donauquerung technisch sehr aufwendig ist. Durch den Einsturz der Reichsbrücke am 1. August 1976 löste sich das Problem von selbst, die U-Bahn wurde im Untergeschoß der neuen Brücke gebaut. Ein aufwendiges Bauwerk entstand am Praterstern, da hier eine Abzweigung für eine spätere U1a zum Praterstadion vorgesehen war. Zum Praterstadion baute man letztlich die U2, und dieses Bauwerk blieb als Bauruine bestehen.

Die U1 wurde vom Reumannplatz beginnend am 25. Februar 1978 bis Karlsplatz, am 18. November 1978 bis Stephansplatz, am 24. November 1979 bis Nestroyplatz, am 28. Februar 1981 bis Praterstern, am 3. September 1982 bis Kagran und am 2. September 2006 bis Leopoldau in Betrieb genommen. Am 2. September 2017 war auch die Verlängerung vom Reumannplatz bis Oberlaa fertig.

Für die nächste U-Bahn wurde die U-Strab-Strecke vom Landesgericht bis zum Karlsplatz umgebaut und an beiden Enden mit Neubaustrecken ergänzt. Vorgesehen waren zwei Linien: U2 und U4A. Die U2 sollte vom Karlsplatz bis zum Schottentor und danach etwa der Währinger Straße folgend weiterführen, die U4A war vom Schottenring über Schottentor und danach etwa der Alser Straße folgend geplant.

Beim Schottentor wurde das gesamte Kreuzungsbauwerk gebaut und am 30. August 1980 die U2 provisorisch auf den vorgesehenen Betriebsgleisen der Verbindung von Karlsplatz und Schottenring in Betrieb genommen. Ab etwa 2010 wurden alle Pläne geändert und ab 2018 mit dem Bau begonnen. Die U2 wird vom Schottenring her kommend zu einem neuen Kreuzungsbauwerk beim Rathaus und weiter zum Matzleinsdorfer Platz und die neue U5 vom Karlsplatz über das neue Kreuzungsbauwerk Richtung Alser Straße geführt. Das Kreuzungsbauwerk beim Schottentor wird eine teure Bauruine.

Die Verlängerung der U2 Richtung Nordosten wurde am 15. Mai 2008 bis zum Stadion, am 2. Oktober 2011 bis zur Aspernstraße und am 5. Oktober 2013 bis zur Seestadt fertiggestellt. Die geplante Verlängerung vom Karlsplatz Richtung Favoriten wurde zugunsten des Projektes U2/U5 aufgegeben.

Komplett neu gebaut wurde die Linie U3 von Ottakring nach Simmering. Für diese Linie wurde beim Bau der U1 am Stephansplatz bereits die Station eingebaut, sodass hier keine weitere Großbaustelle erforderlich war. Die Betriebsaufnahme erfolgte von Erdberg aus am 6. April 1991 bis Volkstheater, am 4. September 1993 bis Westbahnhof, am 3. September 1994 bis Johnstraße und am 5. Dezember 1998 bis zur Endstelle Ottakring. Als letzter Abschnitt ging am 2. Dezember 2000 die Strecke von Erdberg bis Simmering in Betrieb.

Die Stadtbahn Gürtellinie wurde 1988 modernisiert und blieb als Stadtbahn weiterhin in Betrieb. Erst um 1990, mit den Planungen der Weltausstellung für Wien, kam es hier zu einem weiteren Ausbau. Dabei wurde am 3. März 1991 der Bogen von der Abzweigung Nußdorfer Straße nach Friedensbrücke und am 30. April 1996 die Strecke von der Abzweigung Nußdorfer Straße bis

Heiligenstadt aufgelassen. Am 4. Mai 1996 nahm man die Verlängerung bis Floridsdorf in Betrieb. Die Linie wurde nach Süden verlängert, die Straßenbahnlinie 64 zur Stadtbahnlinie umgebaut und die alte Stadtbahnstrecke bis Meidling Hauptstraße am 14. April 1985 aufgelassen. Mit der Eröffnung des Abschnitts Gumpendorfer Straße bis Philadelphiabrücke am 7. Oktober 1989 erhielt die Stadtbahnlinie die neue Bezeichnung U6. Seit 15. April 1995 ist die Strecke bis Siebenhirten in Betrieb.

In der Haltestelle Hietzing hält am 8. April 1978 der Zug der Linie W mit Triebwagen 2892. Hinter dem Zug ist das Stationsgebäude für den Kaiser zu sehen. Die abgebildeten Wagen der zweiten Generation wurden ab 1954 unter Verwendung vieler Teile der alten Stadtbahnwagen gebaut.

Am 18. Mai 1958 erreicht von Heiligenstadt kommend ein Zug der Linie G mit Triebwagen 2702 die Haltestelle Meidling Hauptstraße. Im Bild ist noch die ursprüngliche Anlage der Haltestelle mit drei Gleisen und drei Bahnsteigen zu sehen. Die Garnitur besteht aus Stadtbahnwagen der ersten Generation.

Mittlerweile ist die Stadtbahn zur U4 umgebaut worden. Die Haltestelle Landstraße verlässt am 5. April 1981 die Garnitur 3110, 2110, 3067 und 2067 bei der Fahrt nach Hütteldorf. Heute ist dieser Teil der Stadtbahn überbaut.

Einer der architektonisch schönsten Teile der Stadtbahn ist die Brücke über den Wienfluss bei den Zollämtern. Am 4. Mai 1978 überquert der Zug der Linie W mit Triebwagen 2904 diese Brücke.

Von einem Dachbodenfenster aus gelang am 17. April 1977 dieses Foto des Zuges der Linie GD mit Triebwagen 2942 beim Verlassen der Haltestelle Nußdorfer Straße. Der Platz zwischen Haltestelle und Brücke, auf dem Gleismaterial gelagert ist, sollte das Abzweigen der seinerzeit geplanten Stadtbahnlinie Richtung Floridsdorf ermöglichen.

Auf der heute stillgelegten Viaduktstrecke nach Heiligenstadt fährt am 22. April 1996 der Zug der U6 mit Wagen 4934 Richtung Siebenhirten. Die Garnitur ist die vierte Generation von Wagen, die für die Stadtbahn gebaut wurden.

Eine Besonderheit war das Einheben der Wagen 2003 und 3003 am 18. August 1973 mit einem Kran in den Schacht der Baustelle der U1 am Karlsplatz. Dadurch konnte der Zug auf der bereits fertigen Teilstrecke bis zur Taubstummengasse erprobt werden. Ein Monat später begannen die Probe- und Publikumsfahrten. „Zufälligerweise" folgte dann die Gemeinderatswahl.

Fahrkarten

Die Fahrkarten bestanden von Anfang an aus dünnem Papier und waren zu einem Block zusammengeklebt. Der Schaffner entnahm dem Block die oberste Fahrkarte und markierte sie mit der Lochzange.

Am 27. März 1961 wurde die Markierung mit der Lochung durch eine mit Stempelaufdruck ersetzt. In der Anfangszeit waren die Karten auf die Linien bezogen mit den angeführten Haltestellen. Siehe als Beispiel die Fahrkarte der Kagranerbahn auf Seite 123. Nach Einführung der Nummerierung der Linien wurde das Bild der Karten (siehe unten und Seite 123 links) geändert. Die Ziffernreihen links und rechts stellten die jeweilige Betriebswoche dar. Aus Betriebswoche und Wochentag konnte das Datum markiert werden. Daneben die Linie mit den jeweiligen Zonen. Die Linien 21 bis 80 hatten maximal vier Zonen, diese wurden dann durch Lochung in einer der vier Ecken der Liniennummern markiert. Beim Umsteigen wurde jeweils die neue Linie mit Zone gelocht.

Eine Besonderheit gab es bei der Stadtbahn. Hier saß der Kassier an einem Fahrkartenschalter und ein Schaffner beim Bahnsteigzugang. Bei der Kassa gab es eine handbediente Druckmaschine, mit der aus einer Papierrolle die normale Karte gedruckt wurde. Die übrigen Fahrscheine hatten das Aussehen der normalen Fahrscheine und hatten zusätzlich oben einen Platz für den Stempelaufdruck des Sperrenschaffners. Heute werden zum großen Teil Netzkarten verwendet, daher haben die Fahrkarten viel an Bedeutung verloren.

Stadtbahnfahrschein: Normtarif (gültig von 1951 bis 1955). Zum Aufbau der Karte: Die Ziffernreihen links und rechts stellten die jeweilige Betriebswoche dar. Aus Betriebswoche und Wochentag konnte das genaue Datum markiert werden. Daneben befinden sich die Felder mit den Linien mit den jeweiligen Zonen. Die Linien 21 bis 80 hatten maximal vier Zonen, diese wurden durch Lochung in einer der vier Ecken der Liniennummern markiert. Beim Umsteigen wurde jeweils die neue Linie mit Zone gelocht.

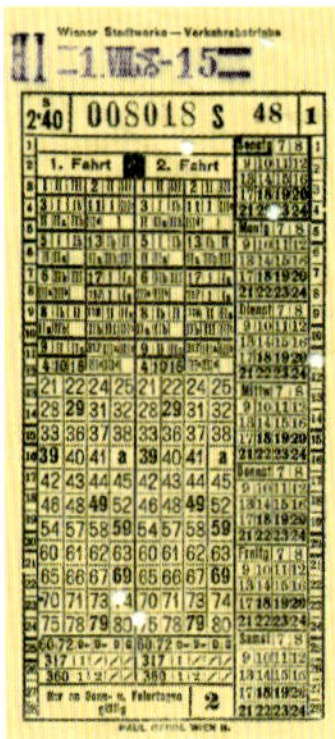

Stadtbahnfahrschein: Hin- und Retourkarte (gültig von 1951 bis 1955). Die Stadtbahnfahrscheine hatten das gleiche Aussehen wie normale Schaffnerfahrscheine, jedoch zusätzlich oben einen Platz für den Stempelaufdruck des Sperrenschaffners.

Jugendfürsorgefahrschein, gültig im Februar 1943.

Mit dieser Münze konnte man eine Kurzstrecke bezahlen. Der Kurzstreckentarif war am 16. April 1834 eingeführt worden. Neben dem Fahrer war ein Kästchen montiert, in das der Fahrgast eine 10-Groschen-Münze einwerfen musste. 1938 gab es mit der Einführung der Reichsmark für diesen Tarif keine passende Münze mehr, daher ließen die WVB eigene Münzen prägen und setzten diese bis 14. Mai 1940 ein.

Beispiel einer Lehrlings-Wochenkarte. Wochenkarten hatten für Hin- und Rückfahrt je einen Block für die Linien sowie Zeitfenster für sechs Wochentage.

Fahrkarte der Kagranerbahn.

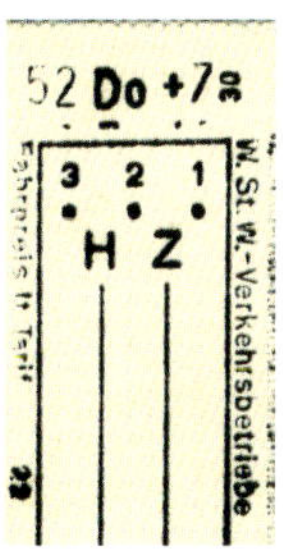

Diese Karte aus dem Selbstdrucker der Stadtbahnstation Hauptzollamt war vom 27. März 1961 bis 17. Jänner 1962 gültig, dann wurde die Haltestelle umbenannt und bekam die Buchstaben LA.

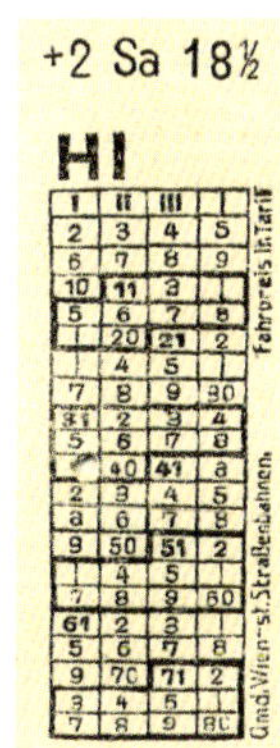

Karten wie diese aus dem Selbstdrucker der Stadtbahnstation Hietzing wurden unmittelbar vor dem Verkauf durch den Kassier gedruckt. Diese Form war bis 26. März 1961 in Verwendung.

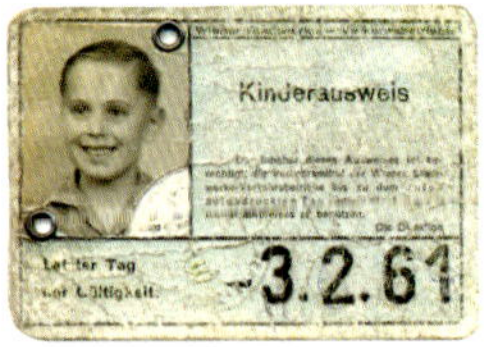

Ein Kinderausweis berechtigte Kinder, die größer als 1,5 Meter waren, bis zum 14. Lebensjahr mit Kinderkarten zu fahren.

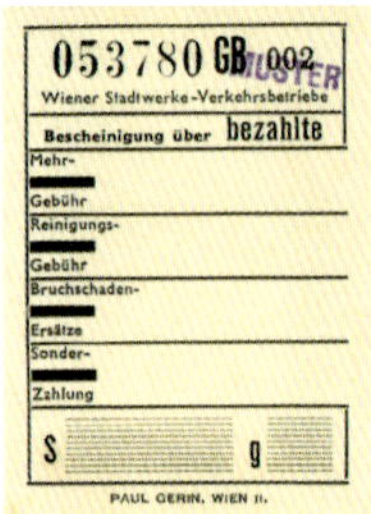

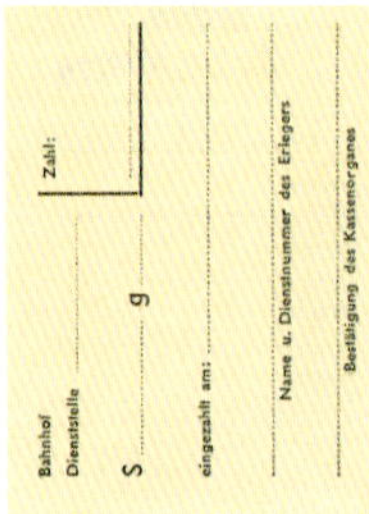

Dieser Fahrschein wurde vom Schaffner oder Kontrollor ausgestellt, wenn der Fahrgast eine der angeführten Gebühren zu zahlen hatte (Vorder- und Rückseite der Karte).

Stadtbahnfahrschein, ausgestellt am 1. August 1963 in Hütteldorf-Hacking und gültig für einen Hund oder ein gebührenpflichtiges Gepäckstück.

Eine Rarität ist dieser Fahrschein. Die WVB wollten bereits 1959 Mako-Zangen (Stempelzangen) einsetzen und hatten bereits Fahrkarten dafür herstellen lassen. Schließlich entschied man, die neuen Zangen erst mit dem nächsten Tarif ab 27. März 1961 (Normalkarte: 3,00 öS) zu verwenden.

Ein Kinderfahrschein. Zu beachten ist der Hinweis auf die 1,5 Meter Größe.

Einen Ersatzfahrschein bekam ein Fahrgast vom Kontrollor dann, wenn er einen ungültigen Fahrschein vorwies.

Vorverkauf-Kurzstreckenkarte aus dem Jahr 1963.

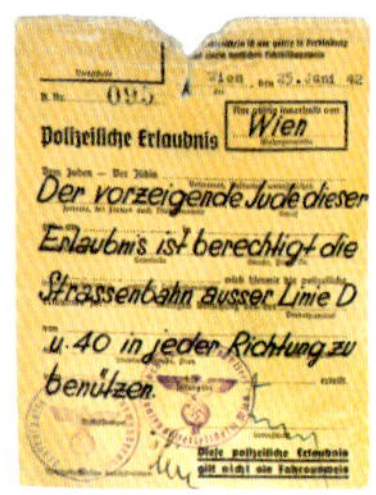

An eine sehr traurige Zeit erinnert dieses Dokument. Die Ausnahmen für die Linie D und 40 konnte sich nur ein Bürokrat damaliger Prägung ausgedacht haben. Der Grund liegt darin, dass beide Linien an der Seegasse, in der das jüdische Spital lag, vorbeifuhren.

2018 begann die Auslieferung der neuesten Generation von Straßenbahnwagen. Hier ist am 9. März 2018 der Wagen 301 als Erster dieser Bauart bei einer Probefahrt am Europaplatz unterwegs.

Alte Straßenbahnwagen werden üblicherweise verschrottet. Gelegentlich werden nicht mehr benötigte Wagen auch an andere Betriebe verkauft, wie diese beiden Bilder zeigen. Der zur dritten Generation der Stadtbahnwagen zählende Triebwagen 4929 ist am 4. Februar 2008 als Zug der U6 mit den Wagen 1926, 2638, 1914 und 4942 Richtung Siebenhirten unterwegs.

Triebwagen dieser Baureihe wurden nach Krakau verkauft, dort mit einem Mittelteil versehen und wieder in Betrieb genommen. Am 17. April 2017 konnte dann der ehemalige 4929 als Wagen 434 auf der Linie 2 in Krakau fotografiert werden.

Abkürzungen der Straßenbahngesellschaften

DTK Dampftramway Krauss & Comp.
NWT Neue Wiener Tramway-Gesellschaft
WLB AG der Wiener Lokalbahnen
WT Carl Schaeck-Jaquet & Compagnie, Wiener Tramway-Gesellschaft
WVB Städtische Straßenbahn Wien

Bildnachweis

Kurt Feuerfeil: Seite 97, 120
Freytag & Berndt: Seite 6
Ernst Lassbacher: Seite 21, 29, 74 unten, 77 oben, 125, 126 oben
Mag. Alfred Luft: Titelbild, Seite 14 oben, 16 unten, 19 oben und unten, 20, 22 oben, 23, 24, 25, 27, 28, 40, 41, 42, 44, 48, 50, 51, 52, 53 oben und unten, 54, 55, 57, 59, 60, 61, 62, 63, 68, 69, 71, 75, 76, 79, 80, 81, 84, 88, 89, 90 oben und unten, 91, 93, 99, 100, 103 oben, 104 oben, 106, 107 oben und unten, 108, 117 oben, 119
Harald Navé: Seite 17, 22 unten, 70, 72, 77 unten, 109
Peter Schmied: Seite 121
Ing. Peter Wegenstein: Seite 10, 12, 18, 26, 30, 31, 32, 33, 34, 35, 37, 38, 39, 43, 47, 49, 56, 58, 66, 67, 74 oben, 83, 86 oben und unten, 87 oben und unten, 92, 95, 98, 101, 103 unten, 104 unten, 105, 111, 112, 116, 117 unten, 118, 127 unten